Dorota Ewa Hensel

Transmigration als soziales Phänomen

Polnische Transmigrantinnen in Deutschland

Dorota Ewa Hensel

TRANSMIGRATION ALS SOZIALES PHÄNOMEN

Polnische Transmigrantinnen in Deutschland

ibidem-Verlag
Stuttgart

Bibliografische Information der Deutschen Nationalbibliothek
Die Deutsche Nationalbibliothek verzeichnet diese Publikation in der Deutschen Nationalbibliografie; detaillierte bibliografische Daten sind im Internet über http://dnb.d-nb.de abrufbar.

Bibliographic information published by the Deutsche Nationalbibliothek
Die Deutsche Nationalbibliothek lists this publication in the Deutsche Nationalbibliografie; detailed bibliographic data are available in the Internet at http://dnb.d-nb.de.

Coverabbildung: © vege - Fotolia.com

∞

Gedruckt auf alterungsbeständigem, säurefreien Papier
Printed on acid-free paper

ISBN-13: 978-3-8382-0273-0

© *ibidem*-Verlag
Stuttgart 2012

Alle Rechte vorbehalten

Printed in Germany

Inhaltsverzeichnis

Danksagung

Ich danke Frau Prof. Dr. Melanie Tatur für ihre Unterstützung bei diesem Projekt und den Frauen und Männern, die bereit waren, mir für die Interviews zur Verfügung zu stehen. Dies gilt insbesondere, weil sie mir zum Teil sehr private und intime Details ihres Lebens und aus ihrer Lebenserfahrung berichteten. Ich danke meinem Mann Daniel Hensel für seine tatkräftige Unterstützung und dem ibidem-Verlag und namentlich Frau Valerie Lange für die Möglichkeit der Veröffentlichung.

I. Vorwort

Ich wurde am 03.02.1977 in Radzyn Podlaski in Polen, 140km östlich von Warschau und 60km westlich von Brest in Weißrussland entfernt, geboren und kam im Jahre 1997 zunächst als Au-Pair-Mädchen nach Deutschland, um meine deutschen Sprachkenntnisse zu verbessern. Meine ältere Schwester war bereits Au-Pair-Mädchen, die jüngere folgte uns nach. Im Jahre 1998 zog ich zum Studieren nach Frankfurt am Main, und meine beiden Schwestern verbrachten ebenfalls Teile ihres Studiums in Deutschland. Diese »Studienmigration« ist **keine** Transmigration im Sinne der vorliegenden Studie, da es sich dabei nicht um Arbeitsmigration handelt. Dennoch trifft der Begriff der Transmigration auch auf Studenten, die zwischen beiden Ländern »stehen«, zu. Denn sie werden ebenfalls mit der Problemstellung einer »Hybridkultur« konfrontiert. Nicht zuletzt ist mein Interesse an dieser Forschungsfrage also durchaus auch biographisch begründet.

Ich kam in Frankfurt bereits durch die Au-Pair-Szene und später auch durch die Studentenszene mit anderen Polen in Kontakt. Dadurch ergaben sich frühzeitig, noch lange vor Beginn der Arbeiten an dieser Studie, Einblicke in das Leben der in Frankfurt lebenden Polen. Diese waren zunächst natürlich ganz unterschiedlich. Gerade die Au-Pair- und die Uniszene unterschieden sich massiv von der in dieser Studie geschilderten. Durch Studentenjobs ergaben sich weitere Kontaktmöglichkeiten, auch zu Polen aus unterprivilegierten Schichten und anderen Berufsgruppen. Als sich diese Bekanntschaften ausweiteten, traf ich vermehrt auf Polen, die in Deutschland arbeiteten, aber in Polen lebten – Transmigranten.

Dieses Thema begann mich aus soziologischer Perspektive zu interessieren (auch um zu ergründen, wo ich selbst in Deutschland stehe), so dass ich ihm nachgehen wollte. Die Beherrschung des Polnischen und die bereits ausgedehnten Kontakte zu Transmigranten waren vorteilhaft, um an diese Bevölkerungsgruppen heranzutreten. Die Gespräche mit den Transmigranten werden in dieser Studie zusammengefasst. Dabei war von vorneherein klar, dass ich mich vorwiegend mit der Perspektive von Frauen beschäftigen wollte, da nicht nur die gleiche Herkunft ein Vertrauensverhältnis begünstigte, was es den Interviewten leichter machen sollte, sich zu öffnen und über ihre (manchmal auch prekäre und intime) soziale Situation (vor allem im Falle der Prostituierten) zu sprechen, sondern auch das gleiche Geschlecht.

Dabei war interessant, wie diese Frauen ihre Situation in Deutschland und in Polen betrachteten, wie sie »die Deutschen« erlebten und was sie von ihnen hielten, wie sie über die Familienbindung dachten und was hiergebliebene Polen, sprachlich gewandter als die Transmigranten und in »besseren Berufen« (folgend »die Experten« genannt) aus ihrer Beobachtung des Transmigrationsphänomens zu jener Arbeitswanderung zu sagen hatten.

Die Gespräche wurden im Jahre 2005 durchgeführt und die Studie bildete den Kern meiner Diplomarbeit in Soziologie an der Johann Wolfgang Goethe-Universität in Frankfurt am Main. Deswegen beziehen sich alle Angaben auf das Jahr 2005, auch die verwendete Literatur. Die Situation der Transmigranten hat sich jedoch bis zur Öffnung des Arbeitsmarktes am 01.05.2011 nicht wesentlich geändert.

Meine Heirat mit einem Deutschen und die Umsiedlung in eine ländliche, oberhessische Stadt hat zum Teil zu ganz anderen Einsichten geführt, als den in dieser Studie geschilderten. Die Situation der Transmigranten auf dem Lande, ihr Bild von »den Deutschen« und die Auswirkungen der Öffnung des Arbeitsmarktes sollen der Gegenstand künftiger Forschungen sein.

II. Transmigration in Europa

Der Begriff *Transmigration* wurde historisch erstmals im Zusammenhang mit der Arbeitsmigration von Mexikanern im US-amerikanischen Grenzgebiet bedeutsam. Diese Form der Migration schuf grenzüberschreitende soziale Räume für die Betroffenen, was zur Herausbildung eines eigenständigen Begriffs, der diesem Phänomen entspricht, führte[1]. Aus heutiger Sicht lässt sich der Terminus *Transmigration* nicht ohne den Begriff Transnationalismus denken. Eine Definition für Transnationalismus, die zugleich deutlich macht, weshalb beide Termini nicht getrennt werden sollten, liefern Glick Schiller et al.:

> »Transnationalismus definieren wir als den Prozeß, in dem Immigranten soziale Felder schaffen, die das Land ihrer Herkunft und das Land ihrer Niederlassung miteinander verbinden. Immigranten, die solche sozialen Felder herstellen, bezeichnen wir also als ›Transmigranten‹.«[2]

Pries versteht Transnationalismus allgemeiner als einen »Prozess der Herausbildung relativ dauerhafter und dichter pluri-lokaler und nationalstaatliche Grenzen überschreitender Verflechtungsbeziehungen von sozialen Praktiken, Symbolsystemen, Artefakten.«[3] Mit diesem Prozess geht ein Bedeutungsverlust von Nationalstaaten einher, wie sich am Beispiel Polen unten näher zeigen wird. In gewisser Weise lässt sich die transnationale »Bewegung« als Korrelat zur Globalisierung beschreiben: Grenzen lösen sich auf bzw. werden in ihrer einstigen Bedeutung als

---

1   Vgl. Ludger Pries: *Transnationale soziale Räume. Theoretisch-empirische Skizze am Beispiel der Arbeitswanderungen*, in: Ulrich Beck (Hg.): Perspektiven der Weltgesellschaft, Frankfurt 1998, S. 55-86

2   Nina Glick Schiller, Linda Basch & Cristina Blanc-Szanton: *Transnationalismus: Ein neuer analytischer Rahmen zum Verständnis von Migration*, in: Heinz Kleger (Hg.): Transnationale Staatsbürgerschaft, Frankfurt/New York 1997, S. 81-107, hier: S. 81.

3   Ludger Pries: *Transnationalisierung der sozialen Welt?*, in: Berliner Journal für Soziologie, 12 (2002), S. 263-272, hier: S. 264.

Barrieren hinfällig. Austauschprozesse zwischen Staaten, bzw. ihren Kulturen, überwinden diese ehemaligen Grenzen problemlos und schaffen sich neue Räume bzw. vermengen sich. Allerdings steht die Globalisierung als ein ökonomischer Vorgang im Zeichen einer wirtschaftlichen Homogenisierung der Welt auf den gemeinsamen Nenner global vernetzter Konzerne, deren Interessen partiell mit den Intentionen bestimmter Staaten einhergehen. Transnationalismus ist dem gegenüber ein Symptom der Entstehung neuer Gemeinschaften, neuer sozialer Felder und schlussendlich neuer Identitäten, für die der Transmigrant der eindeutigste Beleg ist. Es handelt sich dabei, mit einem Wort, um eine weitaus *heterogenere* Bewegung, die aber auch zu mehr oder weniger starken ökonomischen Verflechtungszusammenhängen beiträgt.

Wer den Transnationalismus beobachtet und in Theorien fasst, kommt häufig zu dem Schluss, dass damit zugleich eine Kritik an den traditionellen Gesellschaftsformen geliefert wird. Offenbar kommt darin eine allgemeine Kritik an den gegenwärtigen Sozialtheorien zum Ausdruck, die nicht rasch genug mit den realen Veränderungen mitwachsen und so ihre Konkretheit einbüßen. Noch dazu besteht in der Soziologie, wie in anderen Wissenschaften, ein Diskurs darüber, ob Migration, Transmigration u.a. Phänomene der Moderne, der Postmoderne oder der »zweiten Moderne« sind. Ungeachtet dieser Auseinandersetzungen haben sich Transmigration und Transnationalismus längst etabliert. In Deutschland ist diese Tatsache bislang wenig beachtet worden, da hier die Migrationsforschung besonders der Integrationsfrage nachgeht. Das ist andererseits verständlich, denn Deutschland will sich von politischer Seite nicht als »Einwanderungsland« darstellen und die Assimilation von Migranten, die in Frankreich die politische Agenda bestimmt, vermeiden. Somit bedarf es integrativer Konzepte, die zwar einerseits die Gemeinschaft von Migranten und Deutschen fördern, andererseits aber klarstellen, dass sich daraus keine »zusammenschmelzende Einheit« ergeben soll – während in der sozialen Realität auch dies längst geschehen ist. Andererseits steht die Integrationsfrage natürlich in starkem Zusammenhang zur Transmigration. Es ist alles in allem zu vermuten, dass der Typus *Transmigrant* den traditionellen Migrantentypus allmählich statistisch verdrängen wird. Je unkomplizierter das Arrangement einer binationalen »Zweiseitigkeit«, desto verlockender die Perspektive, sich einerseits nicht völlig vom Herkunftsland zu lösen und andererseits nicht völlig in der Aufnahmegesellschaft aufzugehen – obwohl das, wie die Interviews im Analyseteil dieser Arbeit zeigen werden, teilweise durchaus beabsichtigt ist.

Das genaue Thema dieser Arbeit ist die Transmigration zwischen Polen und Deutschland und die Selbstreflexion polnischer Transmigranten in Frankfurt am Main. Das Erkenntnisinteresse liegt in der Frage, welche Probleme und welche Vorteile das gleichzeitige »Spiel auf zwei Klaviaturen« mit sich bringt: Ist es ein Handicap, das eine Leben auf zwei Nationen zu verteilen, oder eine Chance? Wie reflektieren die Betroffenen ihre Möglichkeiten und Zwänge, denen sie als Transmigranten unterliegen? Wie bewerten »Experten«, die alltäglich mit der polnischen Transmigration in Deutschland zu tun haben, die Situation der Transmigranten? Und schließlich: Was leitet sich daraus für das Identitätsverständnis von Menschen ab, die zwischen den Kulturen pendeln?

Dass polnische Arbeitnehmer nach Deutschland migrieren, um dort einer Lohnarbeit nachzugehen, *ohne* ihren ständigen Wohnsitz zu verlagern und *ohne* überhaupt ihr Heimatland im traditionellen Sinn der Migration verlassen zu wollen, ist kein verhältnismäßig junges Phänomen. Die polnische Transmigration beginnt in einer Frühform in den Nachkriegsjahren. In den Jahren des industriellen Aufschwungs, der nach 1945 allmählich einsetzte, formierte sich die Kategorie der »Doppelberufler« als Mischform des *chloporobotnik*, der einerseits auf dem Land ansässig ist und andererseits in den Großstädten als Arbeiter fungiert. Diese Doppelberufler standen nicht selten zwischen »zwei Welten«, zwischen Dorf und Stadt, von denen sie die eine Seite als Heimat und die andere als »zweite Heimat« für den notwendigen Verdienst ansahen. Der Pendelverkehr zwischen Dorf und Stadt wurde zum Transfer zwischen zwei unterschiedlichen Lebenswelten und Identitäten, denn mit der unterschiedlichen Lokalität änderte sich auch die Mentalität. Da die Urbanisierung der Industriestädte, wie überhaupt die Innenmigration, nach dem Krieg schleppend verlief, wurden die *chloporobotniks* nicht in die Städte integriert und damit zum Doppelleben zwischen dem dörflichen Alltag und der rein als Arbeitsort verstandenen Stadt gezwungen. Nach der Stabilisierung der polnischen Wirtschaft ging die Nachfrage nach gering qualifizierten Arbeitskräften zurück. Die Doppelberufler waren jedoch etabliert und konnten ihren gesellschaftlichen Status halten. Nach Ansicht von Okólski ist dieser Transfertypus eine erste Ausprägung des vergleichsweise unproblematischen Anpassens polnischer Bürger in die spätere internationale Transmigration[4]. Die Lebensweisen, die für den Umgang mit einem Leben in zwei Nationen notwendig sind, ähneln in vielerlei Hinsichten, so Okólski, dem Rhythmus der Doppelberufler und dieser war in Teilen der polnischen Bevölkerung ansatzweise bereits etabliert, bevor die Mobilität sich auf den größeren Rahmen ausweitete. Dieser Prozess nahm seine Anfänge bereits in den 1980er Jahren, kulminierte in den 90er Jahren und ist derzeit noch immer die populärste Migrationsform in Polen[5].

Trotz der Tatsache, dass ein Leben zwischen zwei geographischen Bezugspunkten für viele Polen also nicht neu war, ist für den verstärkten Trend der Transmigration zwischen Deutschland und Polen ganz klar der Fall der einst als »eiserner Vorhang« titulierten Grenze zwischen West- und Ostblock verantwortlich, die bezeichnenderweise gerade Deutschland und Polen trennte. Während zu Beginn der 1980er Jahre der Kalte Krieg noch spürbar in der Luft lag und Europa sich im Schulter-

---

[4] Vgl. Marek Okólski: *Mobilność międzynarodowa ludności Polski w okresie transformacji: Przegląd problematyki*, in: Ewa Jaźwińska & Marek Okólski (Hg.): *Ludzie na huśtawce. Migracje między peryferiami Polski i Zachodu*, Warschau 2001, S. 9-30, hier: S. 20.

[5] Ewa Jaźwińska: *Migracja niepełna ludności Polski: zróżnicowanie międzyregionalne*, in: Jaźwińska & Okólski 2001, S. 101-124, hier: S. 123f.

schluss mit den Vereinigten Staaten gegen die vermeintliche Gefahr aus dem Osten rüstete, spielte sich in Polen ein Bürgerkrieg ab, der als klares Kennzeichen eines sich formierenden Widerstandes gegen das sozialistische Regime zu verstehen war. Die Früchte, die die hier artikulierte Unzufriedenheit trug, reiften wenige Jahre später; nicht nur in Polen, sondern in vielen Ostblockstaaten. Mit dem Fall der Mauer war der Untergang der Weltmacht, als die der Warschauer Pakt zuvor galt, besiegelt. In den Jahren, die folgten, gewannen die Ostblockstaaten zunehmend ein eigenständiges Profil und orientierten sich in der Entwicklung ihrer wirtschaftlichen und sozialen Struktur mehr an den westlichen Industrienationen als am abstrakten sozialistischen Ideal.

Polen ist ein typisches Beispiel. Der Prozess der Veränderung vom alten zum neuen Polen hält bis heute an. Charakteristisch zeigt er sich in der Einrichtung einer sozialen Marktwirtschaft. Wer indes glaubte, dass die Veränderungen, die sich für Politik, Wirtschaft und den Staat insgesamt andeuteten, automatisch ein Mehr an Komfort, Zufriedenheit und Glück für die Bevölkerung bedeuten würden, sah sich getäuscht. Dass der Anstieg des sozialen Status für alle Menschen eine unerfüllbare Utopie ist, wurde der polnischen Bevölkerung schon in den Jahren nach 1945 gezeigt. Auch nach dem Ende des Warschauer Pakts ist dieses Versprechen und die Unmöglichkeit seiner Realisierung in Polen präsent, und deshalb verwundert es nicht, dass »Gegenbewegungen« ebenfalls vorhanden sind, die dieses Versprechen mit dem Mitteln einer selbst in Angriff genommenen Veränderung der Lebensumstände doch noch einlösen wollen. Die polnische Transmigration kann damit in gewisser Weise als eine Kulturerscheinung verstanden werden, die erst aufgrund der sozialistischen Gesellschaftsordnung und ihrer Defizite als Mobilitätsform populär geworden ist.

Zweifellos wandelte sich in Polen in den 90er Jahren äußerlich vieles zum Besseren. Auf den ersten Blick kann ein Besucher, der Polen heute besucht, zunächst nur wenige Unterschiede zu den »westlichen« Nationen feststellen. Weniger leicht zu sehen sind die Vorteile, die der Niedergang des Sozialismus für die Freiheit des Einzelnen gebracht hat. Das Recht der freien Mobilität ins Ausland, die Gewissheit, nicht mehr von Staatsorganen bespitzelt zu werden, und das Recht der freien Rede sind unerlässliche Güter, die sich in Polen ebenso wie in Ungarn, Tschechien, Rumänien und all den anderen Ostblockstaaten nicht erst »etablieren« mussten: Durch ihr offenkundiges Fehlen war die Diktatur des Ostblocks ja geradezu definierbar, und die nach dem Zusammenbruch neu gewonnenen Privilegien wurden so recht schnell genossen und ausgelebt.

Wie gesagt, ist damit aber nicht alles besser geworden. Auch noch 15 Jahre nach dem Mauerfall ist Polen noch immer als Land zu bewerten, das einen Lebensstandard bietet, der mit dem durchschnittlichen Status der Bevölkerung westlicher Nationen kaum zu vergleichen ist, was sich aber langsam zu ändern beginnt. Das Niveau der Lebensführung, der Einkommensmöglichkeiten und -erträge und damit die Freiheit der weitgehend individuellen, von äußeren Zwängen so weit wie möglich isolierten Lebensgestaltung sind in Polen bis heute weit geringer als etwa beim direkten Nachbarn Deutschland. Verwunderlich ist dies nicht, denn wie sollte ein Land, das seit etwa 65 Jahren von ideologisch verbrämten Diktaturen regiert wurde, all die Errungenschaften der westlichen Welt ad hoc nachholen können? Deshalb ist die Entwicklung Polens, sei es der wirtschaftlichen, der politischen oder der gesellschaftlichen Bereiche, noch lange nicht abgeschlossen, und zusätzlich ist noch die quasi »natürliche«, immanente Weiterentwicklung eines Landes bzw. seiner Bevölkerung zu beachten.

Nach der Öffnung des Eisernen Vorhangs schien die Verlockung groß, als polnischer Bürger sein Glück im Ausland zu suchen, in jenen paradiesischen Zuständen, über die man bisher nur gerüchtehalber, dafür aber umso bunter erfahren hatte. Allerdings gibt politische Freiheit nach innen weder das Recht noch die Möglichkeiten, auch nach außen umfassend frei zu sein; die Mobilität ins europäische Ausland war nach wie vor eingeschränkt. Neben strukturellen Barrieren steht hierbei das Wagnis im Vordergrund, seine eigene Heimat aufzugeben und ein neues Leben beginnen zu müssen, mitunter in einer fremden und unvertrauten Welt, die nur allzu schnell ihre Kehrseiten zeigen könnte.

Andererseits gilt: Je desolater die eigene ökonomische Lage, die sich ja anhand ganz objektiver Faktoren bemessen lässt, desto größer der Wille, über die persönliche Befindlichkeit hinaus diese »Rahmenbedingungen« des Lebens zu verbessern, um in einem späteren Schritt Probleme wie Kulturdifferenzen, Trennung von Freunden und Familie, Gewöhnung an ein fremdes Umfeld und eine fremde Kultur usw. zu beseitigen. Wegen seiner »Unmittelbarkeit« steht der wirtschaftliche Faktor ganz vorne, wenn es um die Veränderung des individuellen Status quo geht, und das ist bei ausreisewilligen Polen nicht anders als bei allen anderen Menschen. Besonders motivierend ist der wirtschaftliche Aspekt dadurch, dass die Öffnung nach Westen gerade mit dem Aufzeigen der Möglichkeiten, die *dort* herrschen, das Bewusstsein geprägt hat für die Defizite des *Hier*. Während anderswo der bessere Zustand herrscht und für den eigenen Standort ein Idealbild ist, wird im gleichen Augenblick klar, wie schwierig es ist, dieses Ideal an Ort und Stelle zu verwirklichen. Vor allem bedarf es dazu einer überindividuellen, auf politischer/staatlicher Ebene vollzogenen Anstrengung. Der Einzelne kann von den Nachteilen, die auf ihm lasten, nur dadurch entbunden werden, dass er die Sache selbst in die Hand nimmt (wenn es um seine persönliche Biographie und die daraus entstehenden Konstellationen geht) – oder dass er resigniert, sobald die Änderung der Zustände außerhalb seines Machtbereiches liegt.

Und genau das ist bei polnischen Transmigranten der Fall. Zwar erläutern sie ihre Situation nicht nach diesem Schema[6], aber letztendlich wurzelt ihre »Halbmigration« nach Deutschland in der Unmöglichkeit, für sich selbst einen positiveren Ausgangspunkt in Polen einzurichten, wenigstens für den Moment. Ohne Zweifel ist die ökonomische Komponente der wichtigste Faktor, wenn es um Transmigration geht, doch viele

---

[6] Siehe die Interviewanalysen in Abschnitt VI.

andere Aspekte kommen hinzu: Kulturelle Differenzen, Loslösung aus den bekannten »sozialen Feldern«, ein veränderter Standpunkt gegenüber den bisherigen Lebensumständen. Dahinter verbergen sich Probleme, aber auch Chancen – und dies umso mehr, als mittlerweile das zusammengewachsene Europa mit seinen durchlässigen Grenzen ganz neue Möglichkeiten der Migration bietet. War es zuvor auch nach der Abnabelung vom staatlich verordneten Sozialismus schwierig, an eine dauerhafte Aufenthaltsgenehmigung und Arbeitserlaubnis zu gelangen, von einem Wechsel des festen Wohnsitzes ganz zu schweigen, so ermöglichte die Durchlässigkeit der Grenzen vielen Polen die Chance, in grenznahen Gebieten nach Einkommensmöglichkeiten zu suchen. Das betrifft natürlich vor allem Deutschland. Mittlerweile sind Transmigrationen auch in weitere Teile der Bundesrepublik vorgedrungen und man findet in allen großen und in vielen kleineren Städten polnische Staatsbürger, die sich um eine Einkommensmöglichkeit auf westlichem Niveau bemühen, während sie zugleich keine »Absage« an Polen, an ihre Kultur und ihre Familie erteilen möchten.

Das ist das eigentliche Phänomen der Transmigration: Sie erlaubt den Weggang, während gleichzeitig eine »Verbindung« zur Heimat erhalten bleibt, weil die »Rückkehr« ganz sicher erfolgt. Während bei Georg Simmel der Fremde als »Gast« qualifiziert war, der irgendwann »bleibt«[7], sind Transmigranten nicht fremd – und bleiben dennoch nicht. Besonders interessant ist in diesem Kontext die Frage nach der kulturellen Identität. Gewinnen die Transmigranten dadurch, dass sie in Deutschland ihre eigene Situation *ökonomisch* verbessern wollen, auch eine Modifikation ihres eigenen kulturellen Profils? Oder bleiben sie, was den kulturellen Aspekt und ihre Bewertung der eigenen und der »fremden« Kultur betrifft, trotz der neuen Erfahrungen und Einsichten, die die Transmigration willkürlich und unwillkürlich bietet, weitgehend

---

7   Vgl. Georg Simmel: *Exkurs über den Fremden* [1907], in: Peter-Ulrich Merz-Benz & Gerhard Wagner (Hg.): *Der Fremde als sozialer Typus*, Konstanz 2002, S. 73-92.

unverändert? Auch wäre zu fragen, ob sich nicht sogar ein *Kulturkonflikt* ergibt, da die Transmigration als ökonomisch motivierte Bewegung nicht zwingend die psychologischen und sozialen Anforderungen beinhaltet/ankündigt, die zweifellos als Konsequenz entstehen.

Doch zunächst zur Übersicht eine tabellarische Darstellung, die die Unterschiede zwischen der traditionellen Aus- und Einwanderung im Vergleich zur Transmigration verdeutlicht. Zwischen den Zeilen ist diese Tabelle auch ein Kommentar zu den Veränderungen, die Europa in den vergangenen Jahren betroffen haben, denn erst das zunehmend sich verengende Konstrukt einer *europäischen Einheit* hat es ermöglicht, Transmigration entstehen zu lassen und zu etablieren.

	Strukturelle Voraussetzungen	Folgen und Indikatoren
Traditionelle Aus- und Einwanderung	Barriere durch Grenzen und ökonomische Ungleichheit	Wanderung im Familienverband (gleichzeitig oder in charakteristischen Phasen);
	Distanzüberwindung mit hohem Zeit-, Kosten- und Müheneinsatz	Wandlung mit »Endgültigkeitscharakter« unter Aufgabe des ehemaligen Lebensmittelpunkts
	Wanderungen auch ohne Einbettung in ethnische Netzwerke	Interaktionen mit der Herkunftsgesellschaft gering
	Entwertung vorhandener Qualifikationen	Eingliederung auf die Gesellschaft in der Zielregion ungerichtet (Assimilation)

	Strukturelle Voraussetzungen	Folgen und Indikatoren
Transnationale Mobilität heute	Durchlässige Grenzen und ökonomische Ungleichheit	Gesplittete Haushalte auf Distanz
	»Schrumpfende« Distanzen durch Verbesserung der Verkehrstechnologie	Wanderungen auf Zeit unter Beibehaltung von (zumindest) zwei alternativen Lebensmittelpunkten
	Einbettung in ethnische Netzwerke	Interaktion mit der Herkunftsgesellschaft sehr hoch (Rückreisen, Remittances, Kommunikationen)
	Transferierbarkeit von Qualifikationen	Hybride Identität, »Leben in zwei Gesellschaften«, weder Assimilation noch Marginalisierung

Die Tabelle[8] macht die wesentlichen Differenzen zwischen der klassischen, d.h. auf Endgültigkeit gerichteten, Migration und dem neuen Typus der Transmigration deutlich. Hervorzuheben ist, dass anstelle der nahezu inflationär als Beweggrund angeführten sozialen Ungleichheit hier explizit von *ökonomischer Ungleichheit* die Rede ist. Denn soziale Ungleichheiten geben kaum Ausschlag für eine Migration: Sie bestehen in allen Gesellschaften und selbst in verschiedenen Schichten. Entkommen lässt sich sozialer Ungleichheit kaum; wer daran glaubt, träumt noch vom Utopia. Die Ungleichheiten, um die es eigentlich geht – die Hindernisse bei der Verbesserung des eigenen Status, das ungünstige Verhältnis von Arbeitsleistung und Lohn, die mangelhafte Diversität des Arbeitsangebotes – sind in erster Linie *wirtschaftliche* Nachteile, die erst auf einer

---

8   Aus: Heinz Fassmann: *Transnationale Mobilität: Empirische Befunde und theoretische Überlegungen*, in: Leviathan 30 (2002), S. 345-359, hier: S. 347.

späteren Stufe in den sozialen Kontext gelangen, mit dem sie natürlich untrennbar verbunden sind. Ungleichheit bedingt, um als solche registriert zu werden, den Vergleich wenigstens zweier Optionen, und dieser Vergleich ist durch die schrittweise Öffnung der Grenzen in zunehmendem Maß ermöglicht worden. Daher überrascht es nicht, dass Polen mit klarem Blick erkennen, wo die Vor- und Nachteile einer Arbeitsmigration liegen und diese abwägen – umso mehr, als bestimmte umständliche Anforderungen, die zur traditionellen Migration gehören, dabei entfallen. Vor allem die zwangsläufige Integration/Assimilation, die das unwillkürliche Endziel der Migration darstellen, können Transmigranten umgehen, indem sie sich »hybride Identitäten« leisten. So ist zumindest der Anspruch. Inwieweit ein solches »Leben in zwei Gesellschaften« tatsächlich der Realität entspricht, soll im weiteren Verlauf der Studie überprüft werden.

Was aus dem tabellarischen Vergleich ebenfalls deutlich wird, ist die Wandlung der Orientierungsmöglichkeiten in der »aufnehmenden« Gesellschaft. Da Transmigration kein Einzelphänomen ist und Transmigranten zudem aus verständlichen Gründen einfacher mit Landsleuten in Kontakt kommen als mit Einheimischen, selbst wenn diese Vollmigranten sind, ist der Aufbau ethnischer Netzwerke eine logische Konsequenz – umso mehr, als der Transmigrant sozusagen das Bindeglied zwischen der »neuen« und der »alten« Heimat darstellt. Unterstellt man, dass Vollmigranten sich nur bedingt mit ihrer ursprünglichen Herkunftsgesellschaft identifizieren – und dies nicht erst nach Jahren in der Migration, sondern bereits zum Zeitpunkt des Fortgangs –, so ist der Transmigrant ihnen gegenüber in der vorteilhaften Position, an seinen Anbindungen und den emotionalen Motiven, die damit verknüpft sind, festzuhalten. Er muss sich nicht die Mühe des zwangsläufigen »Neuanfangs« machen. Im Gegenteil: Was sein Kommunikations- und Interaktionspotenzial betrifft, liegt es nahe, dass er dem Herkunftsland mehr Aufmerksamkeit schenkt als der rein zweckmäßig aufgesuchten »Ersatzwelt«. Andererseits, und dieser Faktor darf nicht unterschätzt werden, kommt zur Rationalität immer auch die Emotionalität hinzu. Selbst der kühl kalkulierende Transmigrant, der seine sozialen Kontakte auf das Notwendigste limitiert (wobei dieses Notwendige ja auch schon einen Großteil seiner Zeit ausmacht), und der sich vorwiegend im homogenen Kreis von Landsleuten aufhält, kommt um einen Austausch mit den sozialen und wirtschaftlichen Gegebenheiten in Deutschland nicht herum. In seinem eigenen Interesse stellt er sich dieser Konfrontation, da er sonst als blinder Teilnehmer einer fremden Umgebung einzig und allein auf seine Arbeit eingeschworen wäre – was keine angenehme Perspektive darstellt. Allerdings bleibt es ihm, anders als dem Dauermigranten, selbst überlassen, wie sehr er sich auf die deutsche Kultur einlässt und was er selbst davon annimmt – oder vielleicht nur wie ein Außenstehender betrachtet. Sicherheit gibt ihm dabei das Wissen, dass Grad und Intensität seiner Akzeptanz/Annahme der sozialen Realität in Deutschland weitgehend von ihm selbst bestimmt werden[9]. Er verfügt somit über eine *Autonomie*, die den Vollmigranten in einem weit geringeren Maße gegeben ist.

Neben diesen theoretischen Fragestellungen sollen aber in der vorliegenden Studie auch die Betroffenen selbst zu Wort kommen. Deshalb schließt sich an den theoretischen ein empirischer Teil an, in dem polnische Transmigranten Auskunft über das eigene kulturelle Verständnis und ihre Rolle zwischen zwei Nationen geben. Ferner werden »Experten« befragt, die selbst keine Transmigranten sind, aber unmittelbar mit polnischer Transmigration in Verbindung stehen. Dazu mehr in den Kapiteln VI (methodischer Aufbau) und VII (Interviewanalysen).

---

[9] Allerdings schränkt sein selbst gewähltes Motiv, die *Arbeitsmigration*, diese Freiheit wieder ein: Ohne Lohntätigkeit und die damit verbundene zwangsläufige Akzeptanz »fremder« Regeln gibt es in Deutschland, wie überall anders auch, keinen Ertrag – und weil es um diesen Ertrag geht, wird die Autonomie freiwillig eingeschränkt.

III. Gibt es Kulturkonflikte?

Lange Zeit war es, wenn die Rede auf das Zusammentreffen verschiedener Kulturen kam, üblich, von *Kulturkonflikten* zu sprechen. Dahinter steht die Vorstellung, dass es einerseits völlig unterschiedliche Kulturen gibt, die sich in kaum einem Aspekt gleichen, und dass das Aufeinandertreffen von »Teilnehmern« an diesen unterschiedlichen Kulturen zwangsläufig in einer Konfliktsituation resultiere. Theoretisch muss sich dieser Konflikt nicht einmal zwischen Individuen abspielen: Es genügt, so die recht vereinfachende Variante der Kulturkonfliktthese, wenn ein Mensch aus seiner angestammten Kultur heraustritt und eine fremde Kultur »betritt«: Schon sieht er sich mit einer anderen Welt konfrontiert, mit anderen Sitten und Alltagsriten, mit neuen Umgangs- und Kommunikationsformen, die ihm fremd sind, die er daher nicht sofort aufnehmen und nachahmen kann, und die ihm dadurch Probleme bereiten. Im äußersten Fall würde dieser Kulturkonflikt dazu führen, dass der Fremde, der ja sehr wohl ein Migrant oder Transmigrant sein kann, sich von der Kultur der »aufnehmenden« Gesellschaft fern hält, dadurch die Konfliktsituation vermeidet und in seiner eigenen Kultur bleibt, die er natürlich *für sich selbst* beibehält. Die oben angesprochene Tendenz, dass Migranten sich gerne in Gruppen von Landsleuten organisieren, um ein Stück Heimat zu bewahren und die Schwierigkeit eines Zurechtfindens in der Fremde zu überbrücken, könnte damit zusammenhängen: Wer die Heimat kennt, ihre Traditionen pflegt und sie damit sozusagen »verkörpert«, der kann als Teil der eigenen Kultur identifiziert werden und hilft damit, gegen den Kulturkonflikt zu bestehen. Bei all dem gibt es natürlich keinen *Ökonomiekonflikt*: Geld lässt sich in alle Währungen übertragen, deshalb sei Lohnarbeit kein Problem und die Kultur für das Geldverdienen kein Hindernis. Nur auf der kulturellen Ebene, also mehr im Denken und Fühlen, seien die Problemfelder beheimatet.

Das Problem der Kulturkonfliktthese ist, dass sie die Realitäten viel zu sehr vereinfacht[10]. Natürlich bietet eine solche Theorie ausreichend Legitimation für die Wissenschaften, allen voran die Pädagogik, um Handlungsbedarf zu erklären und aktiv zu werden mit unterschiedlichen Programmen, die das durch die These skizzierte Dilemma überbrücken sollen. Kiesel berichtet von den Vorstellungen, die dahinter stehen: »Seine einmal übernommene kulturelle Rolle kann der einzelne nicht mehr abwerfen, er ist Deutscher, Franzose, Türke oder Italiener.«[11] Aus pädagogischer Sicht ist es insbesondere der Identitätskonflikt, um den es geht, denn die persönliche Identitätsbildung hängt gerade in der Phase des Heranwachsens natürlich nicht unerheblich von kulturellen Einflüssen ab. Ist es aber wahr, dass eine einmal konstituierte »Identität« automatisch mit den kulturellen Zuständen und Anforderungen verknüpft ist, die zu einer Zeit in einem Land (oder an einem Ort) vorherrschen? Nur dann wäre ja zu verstehen, weshalb der erwähnte Konflikt überhaupt entstehen kann; er resultiert ja gerade aus der schwierigen Umstellung des Migranten auf die »neue Kultur« (wobei noch gar nicht geklärt ist, ob und wie sehr diese neue Kultur sich von der alten unterscheidet bzw. unterscheiden muss, damit es zum Konflikt überhaupt kommt). Aus soziologischer Sicht ist es recht fragwürdig, von einer Fixierung des Menschen auf einen bestimmten Status auszugehen. Dagegen sprechen die aus dem Alltag bekannten ständigen Begegnungen mit unbekannten Sachverhalten und Situationen, an die man sich überwiegend sehr schnell anpassen oder auf die man sich zumindest einstellen kann – unabhängig davon, ob das nun mit der eigenen »Kulturidentität« zusammenhängt oder nicht. Mittlerweile ist es in Großstädten wie Frankfurt alles andere als überraschend, schon im Alltag, also »auf der Straße«, den

---

10 Dazu und im Folgenden vgl. Doron Kiesel: *Das Dilemma der Differenz. Zur Kritik des Kulturalismus in der interkulturellen Pädagogik*, Frankfurt 1996, S. 142ff.

11 Achim Schrader, Bruno W. Nikles, Hartmut W. Griese: *Die zweite Generation. Sozialisation und Akkulturation ausländischer Kinder in der Bundesrepublik*, 2. Aufl. Königstein 1979, S. 58, zit. nach Kiesel, S. 143.

Ausprägungen fremder Kultur zu begegnen, wenigstens jenen Ausprägungen, die auf der ersten Blick sichtbar sind. Die Koexistenz der Kulturen stört diese offensichtliche »Fremdheit« nicht, denn sie wird gar nicht als fremd wahrgenommen. Das Argument, dass diese Kulturen trotzdem fremd bleiben, weil der Durchschnittsdeutsche sie nur oberflächlich wahrnimmt, aber nicht »erlebt«, ist teilweise zutreffend, trotzdem ist nicht davon auszugehen, dass ein näheres Kennenlernen einer fremden Kultur lähmend oder schockierend wirken würde. Für sich selbst jedenfalls würde niemand behaupten, dass das die eigene Reaktion auf die Konfrontation mit einer Fremdkultur wäre.

Der Soziologe Lothar Krappmann bekräftigt außerdem, dass das Individuum seine eigene Identität ständig neu herstellen muss, da diese Identität – insbesondere, wenn man sie als Resultat einer kulturellen Zugehörigkeit versteht – nicht automatisch an den Menschen »angeklebt« sei. Nach Krappmann baut sich Identität vor allem in Interaktionsprozessen auf, die notwendig seien, weil das System der Normen und Institutionen keine Garantie und keine direkte Unterstützung für das Individuum biete[12]. Diese Art der kommunikativen Wiederherstellung von Identität besteht auch für alle Migranten, und gerade für Transmigranten, wenn ihre ersten Begegnungen mit der neuen Kultur vorliegen (sofern, wie schon gesagt wurde, ein solcher Konflikt dabei überhaupt hervortritt; das ist nicht immer der Fall). Schon aufgrund der ökonomischen Notwendigkeiten, die zur Transmigration reizen, ist ein gewisses Maß an Austausch notwendig. Das bedingt, dass (Trans-)Migranten sich über die Gepflogenheiten der anderen Kultur informieren, an der sie zwangsläufig einen Anteil haben werden. Wer kommt schon als völlig Ahnungsloser in ein fremdes Land, um dann mit den Mysterien einer neuen Welt konfrontiert zu werden und daran zu verzweifeln? Wer sich für eine wirtschaftliche Migration für einen begrenzten Zeitraum entscheidet, der kann

---

12 Vgl. Lothar Krappmann: *Soziologische Dimensionen der Identität. Strukturelle Bedingungen für die Teilnahme an Interaktionsprozessen,* Stuttgart 1971.

zwar, weil die Rückkehr ja eingeplant ist, Distanz zur anderen Kultur wahren; wenn er diese Distanz aber abbaut bzw. versucht, sie gar nicht erst aufkommen zu lassen, hat er wesentlich mehr davon. Deshalb ist die Vorstellung von Transmigranten, die sich radikal von der Gesellschaft ihres aufnehmenden Landes abschotten wollen, ein Mythos. Dieses Interesse hat kein Mensch, auch der nicht, der in einer Gruppe von Landsleuten aufgenommen wird; auch er hat das Interesse, die andere Welt zu erkunden und in einem gewissen Rahmen zu analysieren. Ein solcher natürlicher Vergleich zwischen Heimat und Gastland dürfte insbesondere für erwachsene Migranten gelten, um die es der Migrationspädagogik ja nicht geht. Für eine soziologische Betrachtung sind diese Überlegungen aber nicht von der Hand zu weisen: Wer autonom genug ist, sich für den befristeten Weggang in ein anderes Land zu entscheiden, der ist auch mündig genug, die Folgen und Bedingungen dieser Migration im Vorfeld zu berücksichtigen. Dazu zählt eben auch der Kulturkonflikt, auch wenn er mehr Legende als Wirklichkeit ist.

Da die eigene Identität sich in der Kommunikation mit anderen festigt bzw. neu bestätigt, wie Krappmann meint, ist der Umgang mit Mitmenschen allerdings schon ein gewichtiges Element bei der Selbstdefinition. Die geradezu erzwungene Kommunikation von Transmigranten mit ihren Arbeitgebern, Arbeitskollegen usw. führt, ob gewollt oder nicht, allmählich zu einem gewissen Erfahrungsvorrat an Wissen über Regeln und Umgangsformen, die in diesem Kontext vorliegen. Größtenteils sind diese nicht nur auf den Arbeitszusammenhang beschränkt, wie sich ebenfalls aus dieser Form »teilnehmender Beobachtung« erkennen lässt. Vermutlich ist der Erwerb dieses praktischen Handlungswissens sogar eine klare Bedingung dafür, als Transmigrant akzeptable Arbeitsleistungen zu vollbringen. Der Zusammenhang zwischen Einsicht in das Handeln und Verhalten seines sozialen Umfeldes führt jedenfalls zu einer eigenen Übernahme der dahinter stehenden Regeln, damit das Miteinander positiv abläuft[13].

Ich bin der Ansicht, dass die Kulturkonfliktthese auch deshalb fehlerhaft ist, weil es eine Abgeschlossenheit von Kulturen in dem Maß, dass daraus ernsthafte Konflikte resultieren können, nicht gibt. In jeder Kultur ist Platz für die Einsicht und das Annehmen in fremde, vorher ungewohnte Situationen und Umstände. Jede Kultur hat eine gewisse Flexibilität, die auch ihren Kontakt zu anderen Kulturen betrifft. Wäre es nicht so, so wären Kulturen auf ihren gegenwärtigen Status festgelegt und könnten sich nicht mehr verändern. Kultureller Wandel spielt sich aber ständig ab, und häufig ist er gerade vom Austausch der Kulturen angestoßen. Dass sie sich überhaupt austauschen bzw. vermischen können, beruht darauf, dass es eine Öffnungsmöglichkeit für andere Kulturen gibt. Außerdem ist keine Kultur in sich so homogen, wie die Kulturkonfliktthese unterstellt, denn die Kultur eines Landes ist, wie Deutschland und Polen gleichermaßen zeigen, sehr unterschiedlich. Die unterschiedlichsten Traditionen und Lebensweisen treffen aufeinander, Dialekte und Lebensräume sind unter dem Dach einer Nation vereint. Nur dadurch, dass das »Konstrukt Nation« existiert, ist zwischen diesen verschiedenen »Kultursplittern« ja noch keine Einheit geschaffen – und das ist auch gar nicht notwendig, denn eine kulturelle Vielfalt ist inländisch so positiv und bereichernd wie auf der Ebene des internationalen Austausches.

Die Kulturkonfliktthese wird allzu leicht als pauschales Erklärungsmuster verwendet, um soziale und ökonomische Ungleichheiten zu erklären. Die Unterschiedlichkeit von Ethnien ist mit einem Schlag das wesentliche, beinahe das einzige Motiv, um das es in den Erörterungen über Migration geht, als sei Migration immer nur die Geschichte von konfliktreichen Konfrontationen.

---

[13] Diese Vorstellung geht auf den symbolischen Interaktionismus von George Herbert Mead zurück; vgl. ders.: *Geist, Identität, Gesellschaft* [1934], Frankfurt 1968.

Einige Konflikte gibt es allerdings schon. Die Unterstellung, dass Migranten »zwischen den Stühlen sitzen«, weil sie zwischen zwei Kulturen leben, ist vielleicht da diskussionswürdig, wo es um die Integrationsprobleme von Jugendlichen geht, die aus einem sehr homogenen Lebensumfeld stammen, das an den Traditionen der früheren Heimatgesellschaft festhält, und sich andererseits für ihr eigenes Leben an der Aufnahmegesellschaft orientieren müssen, in der sie – als Kinder der zweiten oder dritten Einwanderergeneration – hineingeboren sind, und die die einzige Welt ist, die sie kennen. Allerdings beruhen die Probleme, die sich dabei auftun, zu einem nicht geringen Maße darauf, dass die kulturelle Homogenität in den Familien mit sozialer Ungleichheit zusammenhängt, die zu einer solchen Homogenität gerade zwingt. Wer nicht die Möglichkeiten hat, aus den untersten sozialen Stufen heraus zu kommen, und wem diese Flucht auch trotz eigener Anstrengungen verwehrt wird, der hält sich eben an das, was an Verlässlichkeiten und Stabilität übrig bleibt: Die Familie, die ihrerseits Stabilität in ihrer ursprünglichen Kultur findet.

Nicht jede Migration verläuft so drastisch. Die Unterschiede zwischen den verschiedenen Nationen und Kulturen sind beträchtlich. Gerade für die Transmigration sind die Umstände ganz andere, hier geht es ja nicht um Integration oder gar Assimilation. Was es aber auch hier gibt, ist ein stilles oder ganz offenes Festhalten an den kulturellen Werten von »zuhause«, sofern diese sich wesentlich von denen der Aufnahme- (besser: der Arbeits-)gesellschaft unterscheiden. Diese Unterschiede können, auch wenn sie insgesamt gesehen nicht sonderlich massiv sind, in einzelnen Aspekten beträchtlich sein. Da einige dieser Aspekte wiederum überaus bedeutsam für die betroffenen Transmigranten sind und hier auch die Problempunkte liegen, die den reibungslosen Übergang vom einen in das andere Land ausmachen, ist es an dieser Stelle aufschlussreich, einige der Unterschiede am Beispiel der Transmigration von Polen nach Deutschland darzustellen.

IV. Polen und Deutschland – Kulturunterschiede und Gemeinsamkeiten

Über Deutschland und Polen wird im politischen Zusammenhang häufig von einer schwierigen Partnerschaft gesprochen, deren schwerste Zeiten aber längst vorbei sind. Zweifellos ist die Beziehung zu Polen für Deutschland eine sehr spezielle, die sich aus der Vergangenheit und der dunklen Zeit des Nationalsozialismus heraus erklärt. Polen war das erste Angriffsziel der Nazis und musste, nicht zuletzt infolge dieses Angriffs, bis in die 1980er Jahre hinein, also über vier Jahrzehnte nach Niedergang des »Tausendjährigen Reiches«, unter einer anderen Diktatur leiden.

Die Kulturunterschiede zwischen Deutschland und Polen herauszuarbeiten ist nicht das Ziel dieser Studie. Deshalb sollen diese nur am Rande angesprochen werden. Zunächst ist zu betonen, dass sich die Kulturentwicklungen in der Zeit nach dem Zweiten Weltkrieg in beiden Staaten vor zwei völlig entgegengesetzten politischen Hintergründen abspielten. Der »Eiserne Vorhang« verlief zwar primär an der Grenze zwischen West- und Ostdeutschland, aber Polen war als »eigentlichere« Bastion des im Kalten Krieg verteufelten Sozialismus nicht weit (und andererseits natürlich doch weitaus ferner als die DDR, die ja selbst nicht weniger »deutsch« war als die BRD).

Ein wesentliches Element in der polnischen Gesellschaft ist bis heute die (katholische) Kirche. Sie hat auch in den Hochzeiten des Sozialismus nie an Wirkung und Bedeutung eingebüßt, trotz (oder gerade wegen?) der massiven Widerstände, mit denen das Regime der Institution Kirche begegnete. Was die Bevölkerung betrifft, so stellte die Kirche die wohl größte, umfassendste und zugleich ideologisch unverdächtigste Möglichkeit dar, sich gemeinsam mit anderen einer Art »übergreifenden Instanz« hinzugeben, die ohne totalitäre Doktrin ist. Außerdem bildete die Kirche ein Refugium für oppositionelle Kräfte und fungierte als moralische Autorität, der größere Folgsamkeit zuteilwurde als den Schriften von Marx und Engels. Religion gilt in Diktaturen fast immer als Widerstandssymbol, was die immense Bedeutung erklärt, die der Klerus bis heute in Polen ausübt, auch längst nach der Öffnung des Landes gen Westen. Nicht zuletzt beruht dies darauf, dass die Kirche die ganze Familie adressiert, nicht das Individuum, und schon gar nicht die alles umfassende persönliche »Weltsicht«; es ist eine Angelegenheit des Glaubens, den man auch ohne Fahneneid oder Marschbekenntnis ausüben kann. Ihre Kraft konnte die Kirche dadurch ausüben, dass sie stark gemeinschaftsorientiert war und noch immer ist. Familie und Gemeinschaft sind in Polen von weit größerem Wert als in Deutschland. Eine Abspaltung von der Familie gilt als überaus untypisch und wird eher selten praktiziert. Vor diesem Hintergrund gewinnt die Transmigrationsbewegung eine besondere Note.

Der Unterschied zu Deutschland ist offensichtlich. Die Kirche hatte hier schon seit langem an Autorität eingebüßt; das geht zurück bis zur Reichsgründung und »Kulturkampf«, als Bismarck Staat und Kirche voneinander trennte. Bis heute hat die Religion nicht mehr zurück in den Rang einer nationalen Instanz gefunden, sie gilt mehr als Randerscheinung, was allerdings nicht automatisch bedeutet, dass kein religiöser Glaube zu finden wäre. Die Irrlehren der Nazizeit, wo nicht nur politische Doktrinen verordnet wurden, sondern ein ganzer Lebensstil, sind recht gut aufgearbeitet worden, denn mit dem Trümmerhaufen, den es nach 1945 aufzuräumen galt, konnte auch eine Abnabelung stattfinden, die – das zeigt das Jahr 1968 – mitunter recht radikal und unkonventionell durchgeführt wurde. In Deutschland ist das Ideal einer familiären Gemeinschaft stark beschädigt: Im Vordergrund stehen eher Tugenden wie individueller Erfolg und eigene Abgesichertheit. Großfamilien gibt es kaum noch, weil dies der Systematik einer kapitalorientierten Welt im Wege steht – ganz anders als Selbstständigkeit, die als hohes Gut gilt, in Polen aber eher skeptisch betrachtet wird. Ein weiterer großer Unterschied ist das Nationalbewusstsein. Es überrascht nicht, dass Deutschland mit seiner Vergangenheit wenig Grund hat, ein stabiles nationales »Gesinnungsfundament« zu errichten, während in Polen die Nation eindeutig positiv affimiert ist. Geert Hofstede spricht von *Schamkulturen* und *Schuldkulturen*, die ein wesentlich unterschiedliches kulturelles Erscheinungsbild aufweisen[14]. Es scheint fast, als habe er dabei Polen und Deutschland im Hinterkopf, denn eine Schamkultur soll eine harmoniebetonte, gemeinschaftlich orientierte Kultur sein, bei der Verstöße gegen soziale Normen per se problematisch seien, schließlich gefährdeten sie die Stabilität der überaus wichtigen sozialen Beziehungen. Schuldkulturen hingegen seien eher individualistisch ausgerichtet. Dort sei der »persönliche[] innere[] Lotse« die maßgebende Instanz, während bei Fragen von Scham und Schuld entscheidend sei, wie sehr das Selbstbild der betreffenden Person leidet, wenn andere von der Schuld/der Scham erfahren; bestehe diese Nach-Außen-Wirkung nicht, sei das Problem wesentlich kleiner.

Das, was für Deutschland gesagt wurde, trifft in weiten Teilen auf jene Länder zu, die nach dem Zweiten Weltkrieg den Neuanfang mit einer Orientierung am Leitbild der sozialen Marktwirtschaft begonnen haben. In ihrer Entwicklung gleichen sie sich sehr, so dass auch hinsichtlich der Kulturunterschiede weniger Aufhebens gemacht wird. Zwischen Belgien und Deutschland liegt im allgemeinen Kulturverständnis weniger Differenz als zwischen Polen und Deutschland, obwohl Brüssel weiter von Berlin entfernt ist als Warschau. Das Verständnis beruht auf der großen politischen Differenz, die während des Kalten Krieges herrschte. Nachdem diese Differenz zumindest politisch verschwunden war, hat die kulturelle Annäherung begonnen, zu der Migrationsbewegungen beigetragen haben, und zu der heute auch die Transmigration nicht unwesentlich beiträgt. Trotzdem ist der Unterschied »in den Köpfen« natürlich noch immer enorm und geht weit über die bloße Sprachdifferenz

---

[14] Vgl. Geert Hofstede: *Interkulturelle Zusammenarbeit. Kulturen, Organisationen, Management,* Wiesbaden 1993, S. 77.

hinaus. Vielleicht lassen sich *Vorurteile*, die zwischen Nationen bestehen, als »Differenzierungsfaktor« verstehen? Natürlich sind damit keine Vorurteile gemeint, die zwischen Regierungen ausgetauscht werden, sondern vielmehr kleine Anekdoten und Zuschreibungen, die an Stammtischen und im Alltagsgespräch zur Sprache kommen, und die natürlich nicht immer ernst gemeint sind. Besonders prominent sind scheinbare Eigentümlichkeiten von Nationen, die in Witzen scherzhaft instrumentalisiert werden. Egal, ob das dabei den Polen, den Deutschen oder auch den Belgiern Zugesprochene wahr oder Erfindung ist: Die hier auftauchenden Stereotype sind weitaus weniger ernsthaft gemeint, als sie manchen Vertretern der »politischen Korrektheit« vorkommen. Vermutlich steckt darin dreierlei: Zum einen die Lust am Witz über Dritte, der nun einmal ein »Opfer« braucht, zum zweiten ein Körnchen Wahrheit, das auf real bestehende Kulturunterschiede verweist, und zum dritten möglicherweise sogar ein produktiver Umgang mit dem, was man von Menschen anderer Nationalität weiß.

Anders die Kolportagen, die im Allgemeinen als »Stammtischgerede« verstanden werden. Hier vermischen sich handfeste Vorurteile mit Halbwahrheiten. Diese gefährliche Mixtur stärkt nicht nur das Bild radikaler Kulturdifferenzen, die nicht überbrückbar seien, sondern kann auch extremen Nationalisten in die Hände spielen, die sich mit dem Verweis auf die »Andersartigkeit« der/des Fremden um politisches Gehör bemühen. Diese Stereotypen sind umso bedenklicher, wenn sie den Weg aus den dunklen Nischen in den Kopf des Alltagsmenschen finden. Gerade Personen, die in ihrer »Lebenswelt« wenig mit Migranten oder anderen Ausländern in Kontakt kommen und diesem Thema kein Interesse widmen, können aus Vorurteilen ihren einzigen Wissensstand schöpfen, den sie über das Thema haben. Das ist natürlich recht einfach gedacht – ganz so unmündig sind die meisten Menschen nicht. Da sich aber Vorurteile nicht nur in den Köpfen von Neonazis und anderen Rechtsextremen finden lassen (wie das Beispiel Deutschland zeigt; für Polen gibt es ähnliche Gruppierungen), muss es tatsächlich einen Transfer vom Vorurteil zum Pauschaldenken geben. Manches Vorurteil ist vielleicht sogar durch einen realen Vorfall angestoßen worden und hat dann eine »Karriere« gemacht von der Anekdote zum Mythos. Aber das entschuldigt natürlich keine *kulturelle Pauschalisierung*.

Doch zurück zum Ausgangspunkt. Die Unterschiede zwischen Polen und Deutschland, die im Laufe der Jahre mehr und mehr geschmolzen sind, werden nie auf »Null« reduziert werden – genauso, wie es zwischen Bayern und Berlin stets Unterschiede geben wird, die jenseits der Dialekte und Geographie in bestimmten Mentalitäten stecken. Aber diese Unterschiedlichkeiten können sich, wie Deutschland und Polen eben zeigen, annähern. Vermutlich muss Polen dabei die größere Anstrengung übernehmen. Der Grund dafür ist wiederum der Zusammenbruch des Ostblocks: Mit einem Mal wurde die zuvor als dekadent angesehene, unmenschliche Welt des Kapitalismus zum Vorbild. Die wirtschaftlichen Neuerungen, die sich in Polen seit dem Ende des Kommunismus abspielen, sind nahezu ausschließlich am westlichen Ideal orientiert. Dieses Ideal hatte allerdings mehrere Jahrzehnte Zeit, in seine heute gegebene Form zu gelangen. Die Funktionstüchtigkeit der westeuropäischen Ökonomie (die nicht immer so funktionstüchtig ist, wie Wirtschaftskrisen zeigen) konnte sich seit 1945 entwickeln. Diesen Vorsprung kann Polen nicht so rasch aufholen. Ein Faktor, der dabei mitwirkt, sind die erwähnten kulturellen Unterschiede. Die polnische Lebenswelt ist der westeuropäischen in vielen Punkten gleich, weil die Nationalität dabei keine Rolle spielt; was aber sehr oft doch eine Rolle spielt, sind die *gesellschaftlichen* Differenzen, die mit der Kultur verbunden sind. Die erwähnte enge Verzahnung Polens mit der Kirche, die in der Wahl Johannes Pauls II. zum Papst 1978 einen international Aufsehen erregenden Niederschlag fand, ist dafür symptomatisch. Möglicherweise verhindert der starke Katholizismus in Polen auch eine langfristige Durchsetzung der sozialen Marktwirtschaft, zumindest was das »Denken« der Menschen betrifft. Das wird sich in Zukunft zeigen.

Die wichtige Frage lautet: Wie kompatibel ist die polnische Gesellschaftsordnung nach außen? Eigentlich ist sie schon beantwortet: Seit 2004 ist Polen Mitglied der EU, was dafür spricht, dass die Europäische Union die »Anpassungsfähigkeit« auf der politischen Ebene bejaht[15]. Die EU berücksichtigt unter anderem die Gesellschaftsebene, nimmt sie aber nicht ausschließlich zum Ausgangspunkt ihrer Entscheidung darüber, welche Staaten Mitglied ihrer Gemeinschaft werden. Für das Thema dieser Arbeit ist die Überlegung relevant, ob polnische Transmigranten genügend »kulturelle Kompatibilität« haben, um überhaupt ein Projekt wie Transmigration einzugehen. Schließlich sitzen sie dabei genau genommen nicht einmal *zwischen* zwei Stühlen, sondern *auf* zwei Stühlen, weil sie von einem in das andere Gesellschaftssystem pendeln. Und auch diese Frage ist im Prinzip längst beantwortet: Dadurch, dass Transmigration seit Jahren stattfindet und existiert, ist bestätigt, dass die Kompatibilität gegeben ist.

Andererseits wurde oben schon dargestellt, dass Migranten sich häufig abschotten und unter sich bleiben wollen. Das würde dafür sprechen, dass im kleinen Rahmen der Versuch bestehen bleibt, das eigene (hier: das polnische) Gesellschaftssystem oder vielmehr die spezifische »Gemeinschaftlichkeit« zu bewahren. Das ist aber kein wirkliches Gegenargument, denn der Rückzug von Migranten in einen homogenen Kreis ist keine *Bedingung* der Transmigration. Und viele Gegenbeispiele beweisen täglich, dass es so viele »Homogenitätsbestrebungen« gibt wie »Heterogenitätsbestrebungen«: Polnische Transmigranten sind mitunter sogar sehr neugierig und interessiert an der Vermischung zweier Kulturen und erfahren es teilweise sogar als Privileg, an zwei unterschiedlichen Sphären teilzunehmen. Wer hat schon die Chance, sich unter gleichem Namen zwei unterschiedliche Existenzen aufzubauen? Aber so geht es eben

---

[15] Umgekehrt bedeutet es natürlich auch, in einem kleineren Maß, die Anpassung Europas an Polen.

auch nicht jedem Transmigranten, wie der empirische Teil dieser Arbeit zeigen wird.

Noch ein vorläufig letztes Wort zur Homogenisierung von Migrantengruppen: Trotz der offenen Grenzen und der EU-Mitgliedschaft war es bisher nicht für alle Polen möglich, nach Deutschland zu kommen, hier zu arbeiten und Geld zu verdienen. Die EU-Richtlinien sahen für Polen eine Übergangsfrist von sieben Jahren vor, in der die Erteilung von Arbeitsgenehmigungen eingeschränkter gehandhabt wurde, als bei den ursprünglichen EU-Mitgliedsstaaten. Somit brauchten Polen nach wie vor ein Visum, wenn sie länger als drei Monate in Deutschland leben wollten – und auch dann war eine Arbeitserlaubnis noch immer nötig, wenn Geld verdient werden sollte. Durch diese rigorose Abschottung nach außen, die wohl mit Deutschlands Furcht vor einem »Überrennen« durch billigere polnische Arbeitskräfte zu erklären ist, gab es bis vor kurzem, wie sporadisch schon in der Zeit vor dem Fall des Eisernen Vorhangs, viele Polen, die in Deutschland illegal arbeiteten. Sie umgingen die gesetzlichen Regelungen durch Schwarzarbeit und lebten damit ebenfalls in einer ökonomisch motivierten Transmigration, eingeschränkt jedoch durch die Illegalität, die ihren Alltag mitbestimmte. Deshalb ist es nicht verwunderlich, wenn *diese* (Trans)Migranten ihre sozialen Kontakte in einem abgeschlossenen, vertrauten Umfeld suchten – bei anderen Migranten, von denen keine »Gefahr« ausging, und die ihre Situation nachvollziehen konnten. Vermutlich spürten diese Menschen ihre Illegalität als »Stigma« im Sinne Erving Goffmans[16], d.h. sie waren durch die schwierige Situation (ökonomischer Zwang einer-, illegaler Aufenthalt andererseits) in einer Notlage, die sie besonders stark für Differenzen zwischen Heimat- und Aufnahmeland sensibilisierte. Die Abschottungsbewegung ist eine Konsequenz, um einen gewissen Schutzrahmen zu erhalten, mit Goffman also eine Technik, um einer »Beschädigung« der

---

[16] Vgl. Erving Goffman: *Stigma. Über Techniken der Bewältigung beschädigter Identität*, Frankfurt 1967, S. 24

Identität entgegen zu wirken. Und vermutlich handelte es sich dabei alles in allem doch mehr um die *polnische* als die deutsche Identität, denn der Aufenthalt in Deutschland hat zwangsläufig den Charakter eines vorläufigen Abenteuers, das sehr rasch vorbei sein kann, sobald der illegale Aufenthalt von den Behörden entdeckt wird. Durch die Öffnung des Arbeitsmarktes der EU für Osteuropäer ab dem 1. Mai 2011 ist es für Transmigranten leichter geworden, nach Deutschland zu kommen und zu arbeiten. Der Effekt der Transmigration wird sich sehr wahrscheinlich verstärken. Positiv ist, dass die Transmigranten aus der Illegalität heraustreten.

V. Übergangsphasen der Transmigration

Die Bedingungen, unter denen Transmigration *für* die Transmigranten abläuft, sind natürlich individuell. Man kann sie in Statistiken und dergleichen pauschalisieren und gewinnt dadurch Zahlenmaterial, das aber nur bedingt aussagekräftig ist, weil darin nicht die Einzelschicksale deutlich werden. Außerdem treten auch nicht die vielen Probleme hervor, die mit der Transmigration verbunden sind, wenn auch die Vorteile zumindest im Augenblick der Entscheidung *pro* Transmigration zu überwiegen scheinen (oder die Negativseiten ausgeblendet werden).

So ist der Transmigrant/die Transmigrantin gezwungen, hinsichtlich ihrer Durchsetzung als vollwertiges Gesellschaftsmitglied *zwei* Normziele zu erfüllen: Er/sie muss die gesellschaftlichen Standards in Polen ebenso erfüllen wie diejenigen in Deutschland. Dass diese beiden Anforderungen nie gleichzeitig ablaufen, ist nur eine unwesentliche Entlastung, denn der Übergang von der einen zur anderen Menge an sozialen Normen kann nicht per »Knopfdruck« erreicht werden. Überhaupt ist der Prozess der Anpassung an spezifische gesellschaftliche Erfordernisse in einem anderen Land ein langfristiger Prozess, der selbst bei einer umfangreichen Vorbereitung nicht ohne weiteres abläuft. Sprachschwierigkeiten sind dabei wohl das vordergründigste Problem. Die Angelegenheit ist umso schwieriger, weil sich die bestehenden Unterschiede erst nach und nach offenbaren. Überwiegend handelt es sich dabei um *Mentalitätsunterschiede*. Damit soll nicht gesagt werden, dass man pauschal von »kollektiven Einstellungen« sprechen kann. Die Tatsache, dass es in Deutschland große polnische »Gemeinden« gibt, zeigt aber schon, dass eine Übersetzung 1:1 nicht möglich ist – offenbar bieten diese polnischen Gemeinschaften etwas, was die Migranten im Umgangsfeld ihrer Arbeit nicht finden.

Vermutlich ist das, was diese polnischen Gemeinden zum Ansprechpartner macht, nicht die kulturelle Gemeinsamkeit, sondern in erster Linie die Hilfestellung, die dort gewährt wird. Da frühere Migranten genau nachvollziehen können, wie es den Neuankömmlingen geht, ist es ihnen möglich, Strategien für die »Lebensbewältigung« in der Fremde zu liefern. Im Zuge dieser Hilfeleistung entwickelt sich nach und nach oft, aber nicht immer eine emotionale Bindung an die Gemeinde, die in vielen Fällen anhält; daher auch das intakte »Funktionieren« dieser Gruppen. Wie sehr die Enge der Mitglieder der Gemeinschaft von der spezifischen Migrationssituation abhängig ist, wird deutlich, wenn man sich klar macht, dass *in Polen* kein automatisches »Gemeinschaftsgefühl« zwischen allen Menschen herrscht. Erst die geteilten Umstände führen zu einer gegenseitigen Solidarität und Unterstützung.

Die Stadien, die bei der Transmigration durchlaufen werden, sind bei aller Individualität der Betroffenen strukturell überwiegend ähnlich. Dazu zählen vier Phasen, die sich aus den in der Fachliteratur beschriebenen Modellen ableiten lassen[17]. Sie alle bedingen eine jeweils phasentypische Reflexivität:

Übergang[18] – Phase der Ablösung von bestimmten (meist wirtschaftlichen) Anbindungen in Polen, der die Entscheidung vorausgeht, als Transmigrant nach Deutschland zu gehen; Nachforschungen über Chancen und Möglichkeiten; Klärung des eigenen Standpunktes gegenüber Familie und sozialem Umfeld, die zwar nicht für immer, aber doch für eine andauernde Zeit verlassen werden;

Orientierung[19] – Phase des Ankommens im Aufnahmeland (hier: Deutschland), erste Kontakte zum Arbeitsumfeld und ggf. zu Ansprechpartnern, die selbst Polen (vielleicht sogar selbst Transmigranten) sind;

---

[17] Generell zu Phasen der Anpassung vgl. die klassische Studie von Paul C. P. Siu: *Der Gastarbeiter* [1952], in: Merz-Benz & Wagner 2002, S. 111-137, hier: S. 130.

[18] Vgl. Roland Verwiebe: *Transnationale Mobilität innerhalb Europas. Eine Studie zu den sozialstrukturellen Effekten der Europäisierung*, Berlin 2004, S. 144 f.

[19] Vgl. Peter-Ulrich Merz-Benz & Gerhard Wagner: *Der Fremde als sozialer Typus. Zur Rekonstruktion eines soziologischen Diskurses*, in: Merz-Benz & Wagner 2002, S. 9-37, hier: S. 31f.

Wahrnehmung von Unterschieden und Gemeinsamkeiten zwischen beiden Ländern, ohne dass dabei ein ausdrücklicher »Kulturschock« entstünde;

Erkenntnis[20] – Phase des länger währenden Aufenthalts, Gewöhnung an das neue berufliche und mitunter soziale Umfeld; Einsicht einer »Zweiseitigkeit«, weil jedes der beiden Länder jeweils eigene Anforderungen hat; Klärung des gesellschaftlichen Status, den man selbst in diesen beiden Sphären hat;

Anpassung – Phase der letztendlichen Klärung für einen selbst, was die Unterschiede zwischen Polen und Deutschland ausmacht; darauf basierend, unter Berücksichtigung weiterer Faktoren (vor allem wirtschaftlicher), Entscheidung für oder gegen weitere Transmigration; diese Entscheidung ist auch durch unbewusste Veränderungen motiviert, die im Zuge der Transmigration vorgenommen wurden. Die Anpassung als Schlussphase des Übergangs ist ein Ausdruck dezidierter interkultureller Kompetenz[21].

Schon der ersten Phase geht eine Reihe von Vorüberlegungen voraus. Die Entscheidung zu transmigrieren, entsteht nicht aus heiterem Himmel. Sie hat, wie oben bereits angesprochen, die Grundbedingung einer allgemeinen Unzufriedenheit, die primär auf dem wirtschaftlichen Sektor beruht. In dieser Phase ist, neben den formalen (juristischen) Anforderungen, eine Abwägung nötig zwischen Ratio (ökonomischer Aspekt) und Emotionalität (Bindung an die Familie, die ja in Polen besonders ausgeprägt ist). Dieser Zwiespalt bildet die Hauptproblematik der ersten Phase, die überwunden werden muss, damit der Transmigrant zur Problematik der zweiten Phase gelangt, die Orientierung in der Fremde, die

---

20 Vgl. Robert E. Park: *Migration und der Randseiter* [1928], in: Merz-Benz & Wagner 2002, S. 55-71, hier: S. 63.

21 Vgl. Alois Moosmüller: *Interkulturelle Kompetenz und interkulturelle Kenntnisse. Überlegungen zu Ziel und Inhalt im auslandsvorbereitenden Training*, in: Klaus Roth (Hg.): *Mit der Differenz leben. Europäische Ethnologie und interkulturelle Kommunikation*, 2. Aufl. Münster/München/New York 2000, S. 271-290, hier: S. 281.

sich ebenfalls als Suche nach ökonomischer *und* sozialer Stabilität verstehen lässt, denn um beides geht es. In der dritten Phase weichen die Probleme den Erträgen: Durch das »Einleben« in die zuvor unbekannte Gesellschaft kann der Transmigrant die vorher bestehende Kluft zwischen Ratio und Emotion nüchtern betrachten. Das kulminiert in der vierten Phase, in der ein Standpunkt erreicht ist, der es ermöglicht, Vor- und Nachteile beider Seiten zu berücksichtigen und auch auf Polen *reflexiv* zu blicken. Mit dem Erreichen dieser Stufe wird das vorherige »Ertragen« der spezifischen Situation des Transmigranten abgelöst durch ein mündiges »Selbstbewusstsein« über die eigene Situation.

Doch schon zuvor, wohl schon zu Beginn der Entscheidung für oder gegen die Transmigration, ist klar, dass das Leben in Deutschland trotz allem nicht mit dem Alltag in Polen zu vergleichen sein wird. Das hat mehrere Gründe. Der einfachste ist der, dass in Deutschland das soziale Umfeld fehlt, das diesen Alltag in Polen ausfüllt. Somit rückt die Arbeitstätigkeit, die ja überhaupt das Hauptmotiv der Migration ist, ganz in den Mittelpunkt der Aufmerksamkeit. Es ist zu vermuten, dass deshalb spezifische Anforderungen, die diese Tätigkeit fordert, bereitwilliger übernommen werden, als es in Polen der Fall wäre; dafür entschädigt nicht zuletzt der wesentlich höhere Lohn. Konkret gesprochen: Es gibt Berufe, die in Polen ein so geringes soziales Ansehen haben, dass sie für die meisten Menschen keine ernst zu nehmende Option darstellen. Man gerät in diese Tätigkeiten dann, wenn ein Grad an Armut erreicht ist, der nicht bewältigt werden kann. Es ist aber möglich, dass eine ähnliche Tätigkeit in Deutschland von Transmigranten durchaus ausgeübt wird. Das hängt zum einen daran, dass die ertragreichen Tätigkeiten von Fachleuten ausgeübt werden müssen. Als Experte mit hoher Berufsqualifikation lässt sich aber meist auch in Polen ein Beruf finden. Zudem sind solche komplexen Arbeitsfelder meist nicht in der Transmigration durchführbar, sie erfordern das komplette Übersiedeln nach Deutschland. Transmigranten wählen häufig eher solche Berufe, die nicht so fest an Qualifikationen gebunden sind und die leicht zu finden sind; sie folgen darin den Gegebenheiten des Arbeitsmarktes und nutzen Lücken aus, die dadurch entstehen, dass deutsche Arbeitnehmer sich manchen Tätigkeiten verweigern.

Es ist keineswegs so, dass das niedrige Niveau mancher Jobs die polnischen Transmigranten nicht stört. Ihnen ist ihr sozialer Status bewusst, was zu ihrer innerlich empfundenen Stigmatisierung beiträgt – so entwickelt sich keine befriedigende »Arbeitsidentität«. Andererseits ist ihnen bewusst, dass die Degradierung eigener Ansprüche (also solcher Ansprüche, die sie in Polen hegen) ihnen größere Möglichkeiten bietet, in Deutschland wirtschaftlichen Gewinn zu machen. Zudem wird in Polen über die Berufstätigkeit von Transmigranten gar nicht so offen gesprochen: Man weiß, dass die Betreffenden »im Ausland« arbeiten, das reicht als Erklärung. Das Motiv hinter dieser mangelnden Neugier ist natürlich auch die Erkenntnis, dass Transmigranten in Deutschland keinen besonders hohen gesellschaftlichen Status und (damit verbunden) meistens keine herausragende berufliche Position aufweisen. Der Gang ins Ausland zeigt hier seine Vorteile: Der Transmigrant lebt viel anonymer als in Polen, wo die familiäre Anbindung und der mitmenschliche Umgang solche Anonymität in einem weit geringeren Maße zulassen. Gleichzeitig bedingt diese Offenheit eine viel strengere soziale Kontrolle, die für Transmigranten in ihrer »anderen Identität« entfällt.

Es stellt sich bei all dem die Frage, ob der wirtschaftliche Erfolg in Deutschland dazu beiträgt, dass dem Transmigranten auch in Polen ein höherer gesellschaftlicher Status zugesprochen wird. Er bringt mehr Geld mit nach Hause, als er unter marktüblichen polnischen Bedingungen verdient, das lässt sich gewiss pauschal sagen. Doch mit diesem höheren Gehalt wächst nicht automatisch das Prestige. Dafür ist wohl hauptsächlich die Tatsache verantwortlich, dass die vorübergehende Migration nach Deutschland *dort* eher eine Statussenkung als Erhöhung bedingt. Rein mit dem ökonomischen Gewinn lässt sich das nicht kompensieren. Allerdings ist zwischen den Transmigranten zu unterscheiden, die deshalb nach Deutschland kommen, um ein bestimmtes wirtschaftliches Niveau zu erreichen oder zu halten, und jenen, die in Deutschland die Herausforderung suchen, ihre Identität neu zu gestalten. Dabei spielt der wirtschaftliche Faktor dennoch eine Rolle, aber nicht weniger wichtig ist die Möglichkeit, losgelöst von den sozialen Bedingungen, die in Polen herrschen, ein eigenverantwortliches Leben zu leben. Das ist besonders symptomatisch für die »Doppelseitigkeit«: Im letztgenannten Fall ist das verdiente Geld ein Investment »in sich selbst«, während die Verbindung nach Polen primär eine emotionale ist. Solche Transmigranten wären wohl zu großen Teilen mit einer kompletten Migration nach Deutschland einverstanden, wenn dem nicht rechtliche Probleme und Schwierigkeiten entgegenstünden, etwa eine/einen Ausbildung/Arbeitsplatz zu finden, die einen längeren Aufenthalt ermöglichen. Diese Schwierigkeiten wiederum machen es möglich, an der familiären Bindung in einem Maß festzuhalten, wie es nach der Integration in die deutsche Gesellschaft vielleicht nicht mehr möglich wäre, weil dann mehr und mehr die »deutsche« Identität die polnischen Wurzeln überdeckt.

Damit verbunden ist die These, dass alle *kulturellen* Differenzen umso stärker eingedämmt werden, je länger und besser Transmigranten sich in der Aufnahmegesellschaft mit den dort gegebenen Erfordernissen arrangiert haben. Sie entwickeln Wissen und »Taktiken«, mit denen sie einen »deutschen« Alltag ebenso eloquent gestalten können wie den Alltag in Polen. Während dies für Transmigranten mit legalem Aufenthaltsrecht kein großes Problem darstellt und sich fast als natürlicher Prozess vollzieht, ist diese Aufgabe für illegal eingereiste Polen schwierig. Bei ihnen sind es im wahrsten Sinne des Wortes *Strategien*, mit denen sie ihren Alltag bewältigen. Es wäre zu überlegen, ob in diesen Fällen der Aufenthalt in Deutschland tatsächlich als »permanente Ausnahme« angesehen wird, während das Leben in Polen die »Regel« ist. Dafür spricht die Tatsache, dass das Leben in dem einen Land unbedrängt ist, während es in dem anderen durch seine Illegalität von Strafe bedroht ist.

Die *Akkulturation* von Transmigranten, also die Gewöhnung an die Kultur ihres Aufnahmelandes, ist ein interessanter Aspekt, der mehrere Fragen aufwirft: Wenn die Autonomie, die Polen in Deutschland gewährt ist, widersprüchlich zu den gesellschaftlichen Standards in Polen ist, ist dann in der letzten Phase der Transmigration eine *Synthese* der Standards möglich? Das ist fraglich, weil die Rückkehr nach Polen, die ja irgendwann ansteht, nicht unbedingt ein »Mitbringen« deutscher Kulturgewohnheiten bedeutet. Für den Betroffenen mag es unabdingbar sein, das in Deutschland Erlebte zu bewahren (wie sollte er es auch ablegen?), aber für die in Polen verbliebene Familie wäre dieses Erleben fremd.

Hinsichtlich der Vermischung von zwei Kulturen ist die Rede von offenen und *egozentrischen* Strategien[22]. Die offene Strategie ist die synthetische: Sie geht von der Annahme aus, dass es der Person um ein Zusammenbringen jener zwei Kultursysteme geht, an denen sie teilnimmt. Allerdings bedingt diese Strategie, dass widersprüchliche Aspekte ignoriert oder geglättet werden. Damit wird beiden Seiten Unrecht getan, denn so verlieren deutscher und polnischer Kulturanteil ein paar ihrer Eigenheiten. Außerdem ist es fragwürdig, wem diese Synthese letztlich dienen soll: Als *Überlebensstrategie in der Transmigration* macht sie nur dann Sinn, wenn der Zwiespalt zwischen beiden Kulturen zu groß wird. Das wäre etwa der Fall, wenn es zu keiner langfristigen Klärung des Verhältnisses zwischen beiden Kulturen kommt und der Transmigrant sich in Deutschland auch nach einiger Dauer noch immer »fremd« fühlt, diese Fremdheit aber abbauen will. Das dürfte aber nicht der Regelfall sein.

Die egozentrische Strategie ist *synkretisch*. Dabei nimmt der Transmigrant nur diejenigen Elemente der »neuen« Kultur auf, die für ihn in gewisser Weise dienlich sind. Das klingt sehr kalkuliert, ist aber tatsächlich

---

[22] Vgl. Magdalena Meller: Tożsamość dwulkulturowa – Geneza i szanse przetrwania, in: Jarosław Rokicki & Monika Banas (Hg.): Naród, kultura i państwo w procesie globalizacji, Kraków 2004, S. 249-259, hier: S. 254.

die normale Strategie, denn dadurch kommt der Transmigrant in die Situation, für sich selbst zu entscheiden, inwieweit er sich mit der deutschen Kultur identifizieren möchte. Da er selbst entscheiden kann, wie weit dieses »Einlassen« geht, stört es auch nicht, dass es aufgrund der »Doppelseitigkeit« der Kulturen zu Widersprüchen kommt: Er lässt das, was seiner persönlichen Lebensgestaltung widerspricht, weg, er blendet es aus[23]. Durch die Freiheit, sich seine kulturelle Identität mit Elementen beider Sphären zu gestalten, gewinnt der Transmigrant im besten Fall *die Erkenntnis*, wie fruchtbar und bereichernd die Einsicht in andere Kulturen und Wertesysteme sein kann (was sich nicht bloß auf das Migrationsland beschränken muss).

Da nicht jede Gesellschaft und jede Kultur identische Optionen liefern, kann der Transmigrant aus dem Repertoire der Möglichkeiten ein persönliches Mosaik gestalten. Dieses Mosaik wäre dann vielleicht eine *dritte Kultur*, die speziell auf die Transmigration zugeschnitten ist. Problematisch daran ist, dass die Hauptmotivation für die Transmigration, die finanzielle Seite, aus sich heraus kein »Werterlebnis« mit sich bringt. Aber vielleicht motiviert gerade dies dazu, sich auf andere, nämlich kulturelle Aspekte einzulassen, die von der Arbeitstätigkeit ablenken. Außerdem kommen emotionale Bindungen ins Spiel, die man als *private Arbeit* verstehen kann. Somit muss sich kein Transmigrant in Deutschland *marginalisieren*, falls er das nicht aus persönlichen Gründen möchte: Er kann die »Entemotionalisierung«, zu der ihn die Lohnarbeit in gewisser Weise zwingt (etwa in der Distanz zur Familie), wenn auch nicht kompensieren, so doch ein wenig ausgleichen, indem er in seiner neuen Rolle ebenfalls emotionale Unterstützung sucht. Es kann passieren und ist menschlich, dass diese Suche, wenn sie erfolgreich ist, zu einer Abspaltung von der emotionalen Bindung nach Hause führt, dann beispiels-

---

[23] Im empirischen Teil wird diese Tendenz besonders bei den Berufsgruppen deutlich, die in Deutschland und in Polen geringes Prestige besitzen, also Putzfrauen, Prostituierte usw. Sie arrangieren sich mit dem Besten aus beiden Welten, für eine dennoch möglichst attraktive Lebensform.

weise, wenn eine Liebesbeziehung entsteht. So negativ dies für die zu-rückgebliebenen Angehörigen sein kann, so sehr beweisen diese Fälle auch, dass neben der kulturellen auch eine emotionale *Akkulturation* auf zwischenmenschlicher Ebene über die Grenze von Nationen hinweg möglich ist.

Aber bei all dem darf nicht pauschalisiert werden. Wie es konkret aus-sieht, kann stets nur der biographische Einzelfall zeigen. Deshalb wer-den die hier theoretisch dargestellten Aspekte in den nachfolgenden Ka-piteln durch Interviewanalysen gestützt, die ich aus Gesprächen mit Transmigranten gewonnen habe. Die empirische Vorgehensweise ist der rein theoretischen deshalb vorzuziehen, weil in Büchern und Texten zur Migration, die nicht die Betroffenen selbst zu Wort kommen lassen, die Realität zu stark »vereinfacht« wird. Hinter jeder Transmigration steht ein Schicksal, das nur dann wirklich erschöpfend berücksichtigt wird, wenn man es als den singulären Fall betrachtet, welcher es ist. Außer-dem ist Transmigration ein Phänomen, das sich einer empirischen Me-thodik geradezu aufdrängt: Der Gegenstand der Betrachtung ist das Denken und Handeln von Menschen, die über ihre Motive und Überle-gungen Auskunft geben können. Nur im direkten Gespräch und der an-schließenden Deutung des Gesagten wird es möglich, einen Einblick in die Situation der Betroffenen zu erhalten, der sich auch wissenschaftlich verwerten lässt. Schließlich ist das empirische Verfahren auch deshalb gerechtfertigt, weil es zur klassischen Migration zwar viel Literatur und auch empirisch gewonnenes Material gibt, während die Transmigration in dieser Hinsicht bisher nicht besonders beachtet wurde. Dazu will die-se Arbeit einen kleinen Beitrag leisten.

VI. Die Interviews: Experten und Betroffene

Die Probanden, die mir für Interviews zur Verfügung standen, sind allesamt dadurch geprägt, dass ihr Alltag sich in Frankfurt am Main abspielt – einer multinational bevölkerten Großstadt, die für Deutschland als Ganzes nicht repräsentativ sein kann. Die Interviewaussagen sind zwangsläufig an eine bestimmte Region, an bestimmte Begegnungen mit Traditionen und Mentalitäten gebunden, können aber nicht allgemein verbindlich sein – auch nicht hinsichtlich der Probanden selbst, die ja ebenfalls nur aus ihrer subjektiven Perspektive berichten können. Die Erfahrungen von Transmigranten, die beispielsweise in einer ländlichen Region leben, würden sicher anders aussehen. Wollte man Interviews führen, die diese »geographische« Differenzierung berücksichtigen, so wäre es auch nötig gewesen, die Herkunftsumstände der Transmigranten in Polen näher zu beleuchten. Das ist im Rahmen dieser Arbeit aber nicht möglich.

Die 10 Interviews, die ich im Frühjahr 2005 in Frankfurt und Umgebung geführt habe, lassen sich grob in zwei Gruppen einteilen: Zum einen sind es Interviews mit Experten, die aufgrund persönlicher Erfahrungen oder wegen ihrer beruflichen Tätigkeit und Position Einsichten in das Phänomen Transmigration gewonnen haben, die über die Erkenntnisse hinausgehen, die die Betroffenen haben. Diese bilden die zweite Gruppe: Polnische Transmigranten, die zwischen Deutschland und Polen pendeln und dabei in den Zwiespalt der unterschiedlichen Lebensentwürfe geraten sind – oder auch nicht, denn ihre persönliche Bewertung der Situation gibt dabei den Ausschlag.

Diese Trennung in zwei Gruppen weist bestimmte Probleme auf. Die Bewertung darüber, wer Experte ist und wer nicht, kann zwangsläufig nur subjektiv erfolgen. In gewissem Sinne ist jeder Transmigrant durch seine Transmigrationserfahrungen ein »Experte«, umgekehrt stammen die Experten, die interviewt wurden, ausnahmslos selbst aus Polen und können daher wenn auch nicht als Transmigranten, so doch als Migranten bezeichnet werden. Ihre Expertenerfahrungen sind somit durch persönliche Migrationserfahrungen gestützt. Der Grund, warum die Aufteilung in zwei Gruppen dennoch sinnvoll ist, liegt in der Transmigration selbst: Sie besteht aus dem Transmigranten und dem Umfeld, in das er migriert bzw. aus dem er migriert. Als soziale Umwelt besteht dieses Umfeld aus Menschen, die seine Situation betrachten und bewerten. Neben der biographischen Komponente, die für die Erforschung der Transmigration unabdingbar ist, wie oben dargestellt wurde, ist auch ein Blick auf diejenigen, die dieses soziale Umfeld *routinemäßig* bilden, für die Analyse des Phänomens relevant.

Zur besseren Verdeutlichung der beiden Gruppen seien sie zunächst in einer Tabelle kontrastiert[24].

Experte	Transmigrant
Ist aus beruflichen oder privaten Gründen regelmäßig mit Transmigration beschäftigt, ohne selbst Transmigrant zu sein[25]	Ist aufgrund der eigenen Erfahrung als Transmigrant selbst betroffen (emotionale und biographische Einbindung in die Thematik).
Seine Auseinandersetzung mit Transmigration ist (beinahe) alltäglich; wegen seiner fehlenden persönlichen Betroffenheit fühlt er sich weniger individuell involviert.	Seine Beschäftigung ist ebenfalls alltäglich, aber aus der persönlichen Perspektive getroffen, daher subjektiv.
Muss, um »Experte« zu sein, auf einer Art Meta-Position stehen, von der aus er die Doppelseitigkeit in beide Richtungen betrachten kann.	Kann über seine eigene Positionalität nicht hinausgehen und ist daher auf die eigene Erfahrungswelt beschränkt.

---

[24] Wird nur der auf das männliche Geschlecht bezogene Terminus verwendet, ist damit zugleich die weibliche Form gemeint.

[25] Was allerdings seinen Expertenstatus nicht einschränkt; bei den Interviews, die ich für die vorliegende Arbeit geführt habe, konnte kein Transmigrant Expertenkenntnisse aufweisen und kein Experte hatte einen Transmigrationshintergrund. *Möglich* ist das Zusammenfallen beider Attribute natürlich trotzdem.

Durch seine anhaltende Beschäftigung mit dem Thema sind ihm die Kultur-Differenzen (und Gemeinsamkeiten) zwischen Polen und Deutschland auf einer vergleichsweise neutralen Ebene klar.	Seine Sichtweise ist zu Beginn der Umbruchsituation (siehe das Vier-Phasen-Modell) stark auf Polen fixiert, erst im Prozess der Transmigration rückt die Zweiseitigkeit ins Blickfeld.
Er kann als Experte über seine Ansichten zu den Erfahrungen anderer berichten.	Ansichten können nur über die eigene Lebenswelt berichtet werden.
Er stammt zwar aus Polen, ist aber bereits lange genug Mitglied der deutschen Gesellschaft, sodass sein Akkulturationsprozess beendet ist.	Seine Situation ist in ihrer Entwicklung, anders als beim Experten, noch nicht abgeschlossen

Weder die Experten noch die Transmigranten sind als besonders homogene Gruppe von Menschen zu verstehen. Im Prinzip ist es einzig die Transmigrationserfahrung (bzw. die darauf bezogenen Expertenkenntnisse) und der polnische Background, den sie gemeinsam haben. Während die Qualifikationen, die ein Transmigrant aufweisen muss, um als solcher zu gelten, recht klar und eindeutig sind, ist es komplizierter zu beantworten, was den Experten zum Experten macht.

a) Experten

Zur Auswahl der Experten ist Folgendes zu sagen: Wie die Tabelle schon andeutet, muss der Experte Kontakt zu vielen Transmigranten haben. Weiterhin ist er erst dann Experte, wenn die Transmigranten, mit denen er in Kontakt steht, keine homogene Gruppe sind, sich optimalerweise selbst gar nicht alle kennen. Nur so ist gewährleistet, dass seine Erfahrungen mehr sind als spezifische Einsichten in eine oder wenige ähnliche Situationen. Besonders ertragreich ist es daher, sich an Menschen zu wenden, die mit Transmigranten beruflich in Verbindung stehen. Bei ihnen besteht üblicherweise nicht die Gefahr, dass private Interessen die Sichtweise auf die Transmigration und die Betroffenen überlagern: Er steht mit ihnen deshalb in Verbindung, weil er davon lebt. Natürlich bedingt das auch ein gewisses persönliches Interesse, und da ich mich in meiner Auswahl auf polnischstämmige Experten beschränke, kommt automatisch ein gewisses Maß an subjektiver Betroffenheit hinzu. Trotzdem dürften »beruflich motivierte« Transmigrationsexperten die neutralste und damit objektivste Quelle für Expertenansichten sein.

Andererseits ergibt sich folgendes Problem: Berufe, die explizit mit Transmigration beschäftigt sind und von Polen ausgeübt werden, sind im Frankfurter Umfeld rar. Die institutionellen Berufe in Ämtern und Behörden sind nicht von Polen besetzt, weil die Nationalität dort keine Rolle spielt[26]. Bleiben jene Berufstypen, die von Transmigration am Rande *tangiert* werden. Auch dabei können sich starke Bindungen ergeben, wie weiter unten gezeigt werden wird.

Bedeutsam ist außerdem *die Routine*. Wäre die Begegnung mit Transmigranten etwas eher Unübliches, so wäre der Experte kein Experte, weil er diese Erfahrungen als Besonderheit seines Alltags aufwerten würde. Befragt man ihn danach, so gewinnt seine Aussage durch diese Besonderheit eine andere Qualität – im Gegensatz zu der Gelassenheit, mit der alltägliche Erfahrungen berichtet werden. Sind entsprechende Begegnungen Alltag, dann fällt es den Experten auch wesentlich leichter, von Einzelfällen zu abstrahieren. Sie liefern dadurch *die Theorie*, während die subjektiven Hintergründe der befragten Transmigranten das mit einer Art *erzählten Praxis* auffangen.

Der kommunikative Austausch des Experten, aus dem er seine Erfahrungen und Einsichten schöpft, beschränkt sich nicht nur auf Transmigranten. Je nach Position und persönlichem Engagement weitet er sich auf andere Experten aus, genauso wie Transmigranten über ihre Situation nicht nur mit Blick auf das eigene Leben, sondern auch unter Einbeziehung von Erkenntnissen sprechen können, die sie an anderen Betroffenen festgestellt oder von diesen gehört haben.

---

[26] Vermutlich wäre, wenn Polen im Zuge der EU-Erweiterung auch in Deutschland solche Berufe ausüben können, ein großer Vorteil für die Betroffenen gegeben, wenn sie sich in behördlichen Fragen an Menschen wenden können, die ihre Situation aus eigener Erfahrung nachvollziehen können.

Eine weitere Bedingung für den Status des Experten, die für diese Arbeit gesetzt wurde, ist der feste Wohnsitz in Deutschland bei gleichzeitiger Geburt oder wenigstens unmittelbarer familiärer Anbindung an Polen. Wie sich gezeigt hat, sind alle befragten Experten in Polen geboren und leben durchschnittlich seit etwa 20 Jahren in Deutschland, ohne die Absicht zu äußern oder zu verfolgen, nach Polen zurück zu gehen. Interessanterweise wurde von einem Experten die Ansicht geäußert, dass er vor dem Fall des Eisernen Vorhangs mit einer Heimkehr nach Polen rechnete, sollte das sozialistische Regime je fallen; als dies schneller eintraf als erwartet, blieb er schließlich doch in Deutschland, weil er hier mittlerweile heimischer geworden war, als in dem Land seiner Geburt; deshalb wäre diese Rückkehr keine Heimkehr, sondern wieder ein Gang in die Fremde gewesen (was sehr gut zu Simmels Analyse des *Fremden* passt: Auch er ist ja ein Gast, der irgendwann bleibt, trotzdem er in gewisser Weise den Stempel des Fremden behält und daher potenziell jederzeit weiterziehen *könnte*, es aber nicht tut).

Als »technische« Voraussetzung muss der Experte natürlich bereit sein, über sein »Expertentum«, das ihm selbst oft gar nicht so bewusst ist, zu sprechen und seine Erfahrungen mitzuteilen. Als Experte kann ihm dies insofern relativ leicht fallen, als er sich nicht auf Einzelfälle beschränken muss, sondern abstrahieren und verallgemeinern kann. Das dämpft zwar die Aussagekraft ein wenig, ist aber unumgänglich, wenn gebündelt über die Erfahrung von Jahren gesprochen wird, und es erleichtert die Auskunft, weil so keine konkreten Namen und Situationen genannt werden müssen. Das Gespräch über seine An- und Einsichten läuft unter der Prämisse ab, dass es mehr als nur ein »subjektiver« Bericht ist. Trotzdem kann in einem Expertengespräch, wie in jedem Interview und jeder Kommunikation, die Subjektivität der Sprecher nicht ausgeschaltet werden. Jeder Experte spricht, auch wenn er über andere spricht, zwischen den Zeilen stets auch für sich selbst.

Folgende Experten wurden für Interviews ausgewählt (zu den spezifischen Interviewsettings, der Verbindung und der Kontaktaufnahme mehr im nächsten Abschnitt):

a) Herr J., 51 Jahre, Pfarrer einer katholischen Gemeinde im Rhein-Main-Gebiet, seit über 15 Jahren in Deutschland und seitdem Pfarrer dieser Gemeinde. Herr J. ist ein »Insider«, was die teils offene, teils abgeschlossene Gemeinschaft polnischer Migranten im Frankfurter Raum betrifft, da seine Gemeinde sich auf Migranten und Transmigranten aus Polen beschränkt. Teilweise handelt es sich dabei um vergleichsweise geschlossene Familienverbände, die im Zuge einer regulären Migration nach Deutschland kamen, teilweise um eingesessene, längst migrierte Polen, die ihren religiösen Glauben pflegen. Die überwiegend größte Gruppe der Menschen, die seinen Gottesdienst besuchen, sind seiner Erfahrung nach aber Transmigranten. Da Herr J. vor allem diejenigen Polen intensiv kennt, die ihm als Gemeindemitglieder über Jahre hinweg begegnen, ist er mit der »Kulturlandschaft« der migrierten Polen sehr vertraut. Der Alltag, den die Gemeindemitglieder zwischen äußerer Integration und einem Festhalten an polnischer Traditionalität leben, ist damit zwangsläufig auch sein Alltag, denn diese Tradition ist der katholische Glaube, den er als Person verkörpert. Als Pfarrer ist Herr J. einer der ersten Ansprechpartner für Transmigranten, denen das persönliche Bezugsfeld fehlt und die im Zuge ihrer Transmigrationsabsichten von ihm und seiner Gemeinde gehört oder auf anderem Wege zu ihm gestoßen sind. Das verwundert nicht, gibt es doch in Institutionen kaum Ansprechpartner, die als »Vertrauensleute« jener Transmigranten fungieren können, die ganz neu in Deutschland sind – denn diesen Vertrauensvorschuss gewährt vor allem die *Sprache* und in zweiter Linie, wie in Herr J.s Fall, eine starke Gemeinsamkeit wie die Religion. Zwar sind nicht alle Transmigranten, mit denen Herr J. zu tun hat, zugleich gläubige Katholiken, in den meisten Fällen aber gibt es diese Übereinstimmung doch. (Das macht die Religion in diesem Fall zum weiteren »verbindenden«, »homogenisierenden« Faktor.) Herr J. kann eindeutige Unterschiede zwischen Migration und Transmigration benennen: Das reicht von persönlichen Mitteilungen bis hin zu direkten Beobachtungen[27]. Obwohl sein Alltag überwiegend »polnisch« ist, weil er ständig polnisch spricht, auch polnisch denkt (und polnisch betet), ist er in Deutschland mittlerweile fest verwurzelt. Möglicherweise bildet seine Gemeindearbeit ihm ein derart starkes »Band« nach Polen (wenn auch nur im abstrakten Sinne), dass er den Zwiespalt der kulturellen Doppelseitigkeit aus eigener Erfahrung nie richtig kennengelernt hat. Andererseits musste auch er Ende der 1980er Jahre den Umstellungsprozess durchlaufen und hat somit gewisse, wenn auch nicht mehr aktuelle Kenntnisse über das Problem der Adaption und Integration.

b) Frau K., 54 Jahre, Lehrerin an einer internationalen Schule im Großraum Frankfurt am Main. Sie lebt seit Mitte der 1980er Jahre in Deutschland und ist beinahe von Beginn an Lehrerin, die hauptsächlich polnische Schüler unterrichtet. Dabei handelt es sich um Schüler, die primär Kinder von Migranten sind und die Doppelseitigkeit insofern bewältigen, als sie parallel zur internationalen auch eine deutsche Schule besuchen. Frau K. leistet sozusagen eine vertiefende »Zusatzunterrichtung« in der Muttersprache, die diese Schüler weiterhin pflegen und auch pflegen sollen, da zuhause nach wie vor polnisch gesprochen wird. Eine Besonderheit ist der Fall von Frau K. dadurch, dass sie organisatorisch beim Zustandekommen eines Treffens polnischer Lehrkräfte engagiert war, die Anfang 2005 über die Möglichkeiten der Vermittlung von schulischem und außerschulischem Wissen an Schüler diskutierten, die in ihrer Familie einen Migrationshintergrund und potenzielle Anpassungsschwierigkeiten bei der Akkulturation haben. Ihre Routine, die sie zur Expertin macht, ist einerseits die alltägliche Begegnung mit Schülern mit Migrationshintergrund. Dadurch kommt sie, weniger im Schulalltag als im Kontakt mit dem Schülerumfeld, den sie möglichst intensiv pflegt, in

---

[27] In der Weihnachtszeit, so berichtet er, ist auffällig, dass eine Gruppe seiner Gemeinde schlichtweg fehlt: Die Transmigranten, die über die Feiertage zu ihren Familien nach Polen zurückkehren.

einen regelmäßigen Umgang mit Transmigranten. Das kommt dadurch zustande, dass diese Transmigranten sich in Deutschland an entfernte oder nähere Bekannte wenden oder über Dritte (wie Herrn J.) solche Kontakte knüpfen. Frau K. tritt in diesem Umfeld weniger als Lehrerin denn als Polin auf, die die Situation der Transmigranten zumindest teilweise aus eigener Erfahrung nachvollziehen kann und die tagtäglich mit der Überwindung der kulturellen Differenzen zu tun hat. Ferner ist Frau K., nicht zuletzt aufgrund der genannten Kontakte, in der polnischen Gemeinde engagiert. Trotzdem ist ihr Alltag, im Gegensatz zu dem von Herrn J., eher »deutsch«. Es gibt zwar, wie sie betont, so viel »Polnisches« im Frankfurter Raum (so viel, dass man, wie sie äußert, problemlos »als Polin« leben könnte), andererseits ist ihr privater Umgang im Laufe der Zeit doch zu sehr an die deutsche Kultur gewachsen. Umso besser kann sie verstehen, dass Transmigranten Anpassungsschwierigkeiten haben bzw. die Anpassung überhaupt vermeiden. Sie befinden sich in einem Status quo, den Frau K. an sich selbst von knapp 20 Jahren erfahren hat.

c) Herr R., 49 Jahre alt, Lebensmittelhändler in Frankfurt am Main, lebt seit 1988 in Deutschland und führt seit den 1990er Jahren ein Einzelhandelsgeschäft. Diese Tätigkeit führte er zuvor schon in Polen aus. R. hat eine aus Deutschen und Polen gemischt zusammengesetzte Kundschaft und ist entsprechend beruflich nicht auf »eine Seite« festgelegt. Er muss beide Sprachen beherrschen und weist darüber hinaus Kenntnisse über die bestehenden Kulturunterschiede auf, die er im Laufe der Jahre angesammelt hat. (Im Interview machte er diverse polemische Bemerkungen über Kultur und Lebensstil der Deutschen.) Sein Geschäft bietet ausschließlich polnische Ware, die er importiert und mit der er Migranten wie Transmigranten anspricht[28]. Er bietet ihnen nicht nur Kost, die sie gewohnt sind, sondern auf einer höheren Ebene eine Art »Reminiszenz«

---

[28] Die geschäftliche Beziehung nach Polen stellt eine für einen Experten recht starke Verbindung nach Polen dar, ist aber dadurch abgeschwächt, dass dabei das wirtschaftliche Kalkül das einzige Motiv ist.

an Polen an. Seine Kundschaft besteht daher zu einem gewissen Anteil aus Menschen, die mehr der Nostalgie als der kulinarischen Gewohnheit folgen. Das trifft besonders auf Transmigranten zu, die ja von den Spezifitäten der Heimat nicht völlig lassen müssen und lassen wollen; sie bilden, so R., seinen größten Kundenstamm. Es ist nur konsequent, dass das Sortiment auch polnische Tageszeitungen, Magazine und sogar Filme umfasst. Seinen Beruf als Einzelhändler fasst R. entsprechend weit als den eines von (Trans-)Migration Profitierenden, der ein Stück Heimat in die Ferne trägt. Besonders intensiven Kontakt pflegt R., wie J., mit seiner Stammkundschaft, mit denen er sich – weit informeller als der Pfarrer – über die augenscheinlichen Besonderheiten des Lebens in Deutschland im Vergleich zu Polen auslässt, und mit denen er die heimlichen und offenen Gemeinsamkeiten und Unterschiede diskutiert. Dabei zeigt sich, dass vor allem Transmigranten im Zuge des Durchgangs der vier Phasen die Anbindung an eine solche Austauschquelle suchen. Sie sind ihm insofern »wertvollere« Kunden als die fest in Deutschland verwurzelten Polen, als sie die Verbindung zur Heimat auf keinen Fall abbrechen werden. Davon, so R.s Spekulation, lebt sein Geschäft – was nicht ausschließlich als Gewinnstreben bezeichnet werden kann, schließlich füllt er damit seine eigene Lebenswelt auf.

d) Herr T., 56 Jahre alt, Journalist einer polnischen Wochenzeitung, die in Dortmund herausgegeben wird. Er lebt seit 1981 in Deutschland, wo er studiert und promoviert hat, nachdem er vor der Regierung Jaruzelski fliehen musste. Zunächst fand R. in Deutschland keine Arbeit, knüpfte dann aber zunehmend Kontakte zu Journalistenkollegen, die ebenfalls migriert waren, und gründete mit ihnen eine polnischsprachige Zeitschrift, die sich allen Aspekten des gesellschaftlichen, politischen und kulturellen Lebens nicht nur von Migranten in Deutschland widmet. Allerdings ist diese Publikation gerade für sie eine Möglichkeit, in Deutschland in ihrer Heimatsprache über Geschehnisse in beiden Ländern informiert zu werden. Die Arbeit für die Zeitung empfindet T. als sein »Lebenswerk«, und mit der Brille des Journalisten analysiert er die

Transmigrationsthematik. Experte dazu ist T. deshalb, weil er in seinem journalistischen Alltag regelmäßig mit den Anforderungen und Problemen konfrontiert wird, die polnische Transmigranten in Deutschland haben. Zu seinem beruflichen Interesse, aus dem heraus er diese Erfahrungen zum Rohstoff seiner Artikel und Kolumnen macht, kommt das private Interesse eines Migranten, der sich selbst in die Haut der polnischen »Neuankömmlinge« einfühlen kann. Das gilt umso mehr, als T. nach dem Fall des Eisernen Vorhangs wieder begonnen hat, in regelmäßigen, wenn auch größeren Abständen Polen zu besuchen. So kommt er in die Situation, in gewisser Weise von beiden Seiten aus das Thema zu betrachten. Als Journalist darin ausgebildet, sich ein neutrales Urteil zu bilden, versucht T., die Fragen, die sich hinsichtlich der Transmigration ergeben, ebenso neutral zu betrachten. Teilweise gibt er aber zu, dass das nicht immer gelingt, und dass er durchaus Anteil an den Schicksalen nimmt, mit denen er zu tun hat.

b) Transmigrantinnen

Die Auswahl der Transmigranten, die befragt wurden, lässt sich in drei Berufskategorien einteilen. Dass alle 6 der Befragten weiblich und in jeweils eine dieser Berufsgruppen eingeordnet werden können, ist kein Zufall: Bei der Auswahl habe ich absichtlich je 2 Probanden gewählt, *die Putzfrauen, Altenpflegerinnen* oder *Prostituierte* sind, weil diese Berufskategorien m. E. symptomatisch für polnische Transmigrantinnen sind. Das liegt weniger an der Attraktivität, die diese Berufe aus sich heraus ausstrahlen, als vielmehr an der Tatsache, dass es für den jeweiligen Markt Nachfrage an Bewerberinnen gibt. Zudem sind diese Berufe – hiervon wäre die Altenpflegerin wenigstens teilweise auszunehmen – solche, die in der steuerlichen Illegalität ausgeübt werden können, ohne dass es dadurch gleich zu juristischen Problemen bei den Transmigrantinnen oder ihren »Arbeitgebern« käme, denn Putzfrauen und Prostituierte agieren in einem Umfeld, auf das der »öffentliche« (und der behördliche) Blick selten fällt. Allerdings bedeutet die Beschränkung auf diese Berufe auch eine Einschränkung bei der Erfassung des Transmigrationsphänomens: So kommen für die Befragung zunächst einmal aus naheliegenden Gründen nur *Frauen* in Frage. Es wäre möglich, die Verbindung von Transmigration, illegalem Einkommen und Geschlecht auch an Männern zu demonstrieren; das Bauarbeitergewerbe würde zeigen, dass polnische Transmigranten dort nicht weniger gefragt sind als polnische Putzfrauen in deutschen Haushalten. Es bietet sich jedoch aus Gründen des besseren Zugangs an, als Frau (und als Polin) das Gespräch mit Frauen zu suchen, zumal die vorliegende Arbeit den sensiblen Bereich der Prostitution tangiert, der sich nicht jedem Soziologen automatisch eröffnet.

Die drei Berufsgruppen sind symptomatisch für Transmigrantinnen, weil sie das vergleichsweise aufwandlose Verdienen von »schnellem Geld« ermöglichen. Die Qualifikationen, die notwendig sind, sind *informell*, d.h. das Beherrschen der notwendigen Kenntnisse kann nicht durch Diplome und Ausbildungsnachweise gezeigt werden, sondern wird im Gegenteil automatisch vorausgesetzt. Die einzige wirkliche Anforderung ist das Beherrschen der deutschen Sprache, und auch dabei reichen grobe Brocken. Für Transmigrantinnen hat all dies den Vorteil, dass sie aufwandlos in eine einträchtige Tätigkeit einsteigen können und nicht fürchten müssen, an Unterqualifikation zu scheitern. Auf der anderen Seite stehen die Probleme, die diese Verdienste in der Illegalität mit sich bringen: Der Beruf, der somit eher ein vorläufiger »Job« ist, kann jederzeit verloren gehen – zum einen durch das Eingreifen der Polizei, die eine ständige Bedrohung darstellt, zum anderen aber, und das ist der weitaus gewichtigere Grund, durch die bloße Entscheidung des »Arbeitgebers«, den »Arbeitnehmer« zu »entlassen«. Dagegen ist kein Einspruch möglich, ebenso wenig besteht die Chance, verloren gegangene Gehälter einzuklagen. Deshalb ist eine solche Tätigkeit eine Angelegenheit des Vertrauens, bei der die Transmigrantin von vornherein in der ungünstigeren Position steht: Sie ist diejenige, die von der Zustimmung und vom »Wohlwollen« des Arbeitgebers abhängig ist. Selbst vor Willkür oder Übergriffen verschiedenster Art ist sie nicht geschützt, da es letztendlich immer sie sein wird, die Deutschland (und damit die mehr oder weniger lukrative Tätigkeit) verlassen muss. Ihr Interesse an einem Schaden an der Person, die sie bezahlt, ist dadurch gleich null; umgekehrt ist aber nicht ausgeschlossen, dass die arbeitgebende Partei der Transmigrantin absichtlich oder unabsichtlich schadet. Mit dieser unterschwelligen Befürchtung haben alle Transmigrantinnen oder überhaupt Ausländerinnen zu kämpfen, die einem illegalen, also nicht angemeldeten Beruf nachgehen.

Was die einzelnen Berufsgruppen betrifft, so gilt die Putzfrau im Allgemeinen als der Prototyp der »ungelernten«, auf dem niedrigsten Niveau der beruflichen Komplexität arbeitenden Angestellten. Womit sie ihr Geld verdient, ist so trivial, dass niemand die notwendigen Fähigkeiten hinterfragt. Für Transmigrantinnen, die an solche Stellen oft über Mundpropaganda geraten, ist diese Perspektive interessant: So besteht nicht die Gefahr, dass ihre in Polen erworbenen Qualifikationen, sofern solche überhaupt vorliegen, ein Hindernis sein könnten. Auch entfällt eine Einarbeitungsphase, die zu der sowieso schwierigen Umstellung erschwerend beitragen könnte. Im Prinzip ist es vom ersten Tag an möglich, mit barer Münze nach Hause zu kommen – insbesondere deshalb, weil solche steuerfreien Tätigkeiten meist direkt mit Bargeld entlohnt werden. In den meisten Fällen haben diejenigen Frauen, die hier als Putzfrauen arbeiten, in Polen eine Ausbildung absolviert, die sie für diese einfache Tätigkeit überqualifiziert[29]. Trotzdem erscheint die vergleichsweise einfache Arbeit für sie attraktiver als jene Berufe, die auf ihrem Ausbildungsniveau liegen – denn hier gibt es auf dem deutschen Markt für Polinnen keine Nachfrage.

---

[29] In diesem Punkt liegt die oben dargestellte Tabelle von Fassmann falsch: Mangelnde Anerkennung von Qualifikation ist nicht nur das Schicksal von traditionellen Migranten.

Auch am Beispiel der Altenpflegerin zeigt sich, dass Transmigrantinnen insbesondere dort Arbeit finden, wo das unterste Spektrum der Einkünfte und der Ansprüche liegt. Es sind offenbar jene Berufsgruppen, für die der »freie Markt« keine Bewerber findet. Eigentlich verlangt die Pflege älterer Menschen nach einer Ausbildung, die weitaus komplizierter ist als das, was von Putzfrauen oder Prostituierten verlangt wird. Allerdings tun sich in diesem Gebiet dort große Nischen auf, wo Menschen die Betreuung älterer Angehöriger nicht in die Hände teurer Pflegedienste legen wollen. Eine polnische Transmigrantin ist billiger und bringt keinen bürokratischen Aufwand mit sich. Bei Unzufriedenheit genügt als »Kündigung« ein einfacher Satz, gegen den Widerspruch nicht möglich ist. Die Kehrseite ist die ebenfalls auf Vertrauen aufgebaute Bedingung, dass die Pflege adäquat verläuft und keine Klagen entstehen. Auch hier gilt, dass die Akzeptanz einer solchen Tätigkeit üblicherweise das unterbietet, was die betroffenen Transmigrantinnen in Polen ursprünglich gelernt haben. Allerdings ist andererseits zu bedenken, dass ihnen die Arbeit unter Niveau in gewisser Hinsicht selbst ein Maß an Freiheit gewährt, weil sie ebenfalls nicht an institutionelle Normen gebunden sind und jederzeit gehen können, falls sie unzufrieden sind. Ob das in der Realität angesichts der finanziellen Not allerdings stattfindet, ist fraglich.

Schließlich gibt es die Gruppe der Prostituierten. Obwohl Prostitution in Deutschland mittlerweile »legalisiert«, d.h. als Beruf steuerlich anerkannt ist, greifen die wenigsten Prostituierten zu der Möglichkeit, sich »anzumelden«, da es ihnen wenige Vorteile bietet und die formalen Strukturen, die so möglich werden (wie etwa Ausbildung), in diesem Bereich nicht von Interesse sind. Einerseits ist Prostitution von der reinen Tätigkeit her »einfach«, denn sie verlangt keine tiefergehenden Kenntnisse. Auf der anderen Seite stellt sie eine psychologische Belastung dar, die weit über die Anforderungen hinausgeht, die an Putzfrauen oder Pflegerinnen gestellt werden. Hinzu kommt, dass dieses Berufsfeld per se im Halbschatten der Illegalität angesiedelt ist und wohl in allen Ländern zu den am geringsten angesehenen Berufen zählt. Wer als Prostituierte arbeitet, signalisiert denjenigen, die außerhalb dieses sozialen Feldes stehen, dass sie den niedrigsten Punkt erreicht hat und das Grundsätzlichste verkaufen muss: Ihren Körper. Prostitution ist ein Beruf, zu dem niemand steht – schon gar nicht polnische Transmigrantinnen, die sowieso in den Zwiespalt der kulturellen Doppelseitigkeit geraten und mit der Differenz zwischen den Gesellschaftsunterschieden ihrer Heimat und Deutschlands konfrontiert werden. Zählen Prostituierte schon in Deutschland zur untersten Schicht aller Berufe, ist ihre Reputation in Polen noch negativer. Der Weggang aus einer vergleichsweise soliden Einkommensmöglichkeit ins Ausland und in die Prostitution müsste daher eigentlich als Degradierung und Entwürdigung gewertet werden. Diese Zweifel werden jedoch dadurch aufgewogen (oder zumindest zeitweise verdrängt), dass die Verdienstmöglichkeiten hoch sind und die Anonymität der Transmigration verhindert, dass Person und Beruf identifiziert werden.

Vor allem eine Großstadt wie Frankfurt am Main, in der sich Nachbarn kaum kennen, ermöglicht die »andere Existenz« im Rotlichtmilieu, während in der polnischen Heimat, die die Transmigranten ja regelmäßig aufsuchen, die Inszenierung des »eigentlichen« Lebens beibehalten werden kann. Der Weg über die Grenze ist ein »Sprung« von der einen »Lebenswelt« in eine andere[30]. Berger und Luckmann sprechen von »Subwelten«, die als Unterabteilungen der obersten Wirklichkeit gelten. Als Prostituierte einer- und Familienmitglied andererseits ist man in zwei sehr unterschiedlichen »Subwelten« gefangen, die keine Gemeinsamkeit haben. Deshalb ist die Trennung vom »Alltags-Ich« und »heimlichem Berufs-Ich« in diesem Fall besonders stark. Die Heimlichkeit wiederum ist ein untrennbarer Teil der Prostitution, die auf der Verschwiegenheit von »Kunde« und »Dienstleisterin« und damit wieder auf einem Vertrauensverhältnis aufbaut. Trotz der Verdienstmöglichkeiten, die hier

---

[30] Vgl. Peter L. Berger & Thomas Luckmann: *Die gesellschaftliche Konstruktion der Wirklichkeit. Eine Theorie der Wissenssoziologie* [1966], Frankfurt 1982.

gewiss höher als in den anderen beiden Berufen liegen, sind, wie gesagt, auch die Belastungen größer. Umso geringer ist die Bereitschaft, über die persönliche Situation zu sprechen. Für polnische Transmigrantinnen kommen dabei mehrere *Schampunkte* zusammen: Neben der grundsätzlichen Scham, ihren Aufenthalt in Deutschland primär für das Geldverdienen zu nutzen und damit jedes persönliche Interesse beiseite zu schieben, während gleichzeitig in den Massenmedien von Individualisierung und Freizeitgesellschaft die Rede ist, steht die Scham, »sich selbst« zu verkaufen, um die Lust fremder Männer zu befriedigen, und schließlich die Scham, einen Beruf gewählt zu haben, der nicht nur, aber vor allem in der polnischen Heimat auf der niedrigsten Stufe steht und dort mutmaßlich von keinem Familienmitglied gut geheißen, geschweige denn abgesegnet werden würde.

Das Eingeständnis, mit dieser dreifachen Scham den Alltag überstehen zu müssen, kostet Überwindung. In einem geringeren Maß gilt das auch für die Putzfrauen und die Altenpflegerinnen. Möglich wird die Auskunft dadurch, dass einerseits klar ist, dass der Aufenthalt in Deutschland, und damit verbunden der Beruf, befristet ist. Die ökonomische Lage lässt attraktivere Tätigkeiten kaum zu. Das ist nicht nur den Betroffenen klar, sondern Allgemeinwissen: So werden die Betroffenen ein wenig entlastet. Außerdem bleiben alle Auskünfte ja anonym, niemand kann die Verbindung zwischen dem offenen und dem heimlichen Ich herstellen, außer den Transmigrantinnen selbst, die eine solche Vermischung natürlich vermeiden. In der konkreten Interviewsituation und schon im Vorfeld konnte ich zudem klar machen, dass ich selbst einen Migrationshintergrund habe und die Kulturdifferenzen nachvollziehen kann, die diese Frauen betreffen. Dass ihr Leben sie in diese Situationen gebracht hat, ist nicht ihre eigene Schuld, da sie sich nicht um einen Alltag am unteren Ende des Berufsspektrums bemühen, sondern ein einfacheres, besseres Leben wünschen. Das, was sie aus diesem Wunsch und der Realität machen, ist in vielen Fällen das Beste, was möglich ist.

Bei den sechs Transmigrantinnen, die interviewt wurden, handelt es sich um:

a) Frau N., 26 Jahre alt, Altenpflegerin, lebt seit 1999 in Frankfurt am Main. Ursprünglich kam sie als Au-Pair-Mädchen nach Deutschland, war aber mit der Familie, für die sie arbeiten sollte, unzufrieden. Auch mehrere Wechsel des Arbeitsplatzes innerhalb eines Jahres brachten keine Verbesserung der Situation, in dieser Zeit knüpfte sie Kontakte zu mehreren polnischen Migranten und kam in Berührung mit deren »Frankfurter Lebensweise«. Sie entschied sich, die Au-Pair-Zeit abzubrechen und innerhalb des Binnenraums der Migranten, mit denen sie sich anfreundete und bei denen sie teilweise auch wohnte, ein Leben als Transmigrantin zu führen. Das bedeutet, dass sie einerseits in Frankfurt einer illegalen Tätigkeit als Altenpflegerin nachgeht und andererseits regelmäßig nach Polen reist, um mit ihrer Familie zu leben. Im Laufe der Zeit verspürt N. allerdings zunehmend den Wunsch, ihren Lebensmittelpunkt ganz nach Deutschland zu verlagern – bis hin zur Konsequenz, dass sie nur einen deutschen Mann heiraten würde. Die Erklärung für ihre Affinität zu Deutschland und ihre Bemühungen, auch nach dem Verlust der Au-Pair-Stelle weiterhin in Frankfurt zu leben und zu arbeiten, erklärt sich aus einer gewissen Abneigung gegen ihr Heimatland[31]. Interessanterweise hat ihr Kontakt mit polnischen Migranten in Deutschland ihr Bild über die Polen noch bestärkt: Sie glaubt, dass die deutsche Kultur und Lebensweise ihren persönlichen Ansprüchen und ihrer »Weltsicht« wesentlich näher liegt, als dass, was ihr in ihrer Jugend in Polen, aber auch im Kontakt mit Polen in Deutschland demonstriert wurde. Obwohl sie also von gewissen Vorurteilen geprägt ist, sucht sie nicht ausschließlich Kontakt zu Deutschen, weil sie in den polnischen Bekannten trotz gewisser Vorbehalte gegen deren Alltag und Lebensverständnis Kommunikationspartner findet, die ihre Sozialisation als Polin

---

[31] Im „Subtext" des Interviews deutete sie an, dass diese Einstellung mit persönlichen Konflikterfahrungen innerhalb ihrer eigenen Familie zusammenhängt: Ihr Vater war offenbar Alkoholiker.

verstehen können. Außerdem ist es für sie schwer, sowohl beruflich wie auch privat in jene Bereiche zu kommen, nach denen sie sich eigentlich sehnt. Ihr Ideal ist ein Leben nach westeuropäischem Vorbild, das das genaue Gegenbild ihrer Vergangenheit in Polen darstellt. Ganz lösen kann sie sich von dieser Vergangenheit aber nicht, zu stark sind die emotionalen Bande, die sie doch zur Transmigrantin machen und ein Arrangement zweier unterschiedlicher Lebenseinstellungen verlangen.

b) Frau M., 31 Jahre alt, lebt seit 1997 in Deutschland. In Polen arbeitete sie als Verkäuferin und plante dort eine selbstständige Existenz, die den Bau eines eigenen Hauses usw. beinhalten sollte. Sie musste jedoch rasch erkennen, dass diese Zukunftsaussicht sich als Verkäuferin in Polen nicht verwirklichen lässt. Hinzu kamen familiäre Probleme. Die Initialzündung für ihre Transmigration war eine Bekanntschaft mit einer Polin, die selbst zwischen Deutschland und Polen transmigriert und sie postalisch einmal nach Frankfurt einlud. Diese persönliche Erfahrung gab den Ausschlag für ein Übersiedeln nach Deutschland und schließlich die Annahme eines Putzjobs, obwohl M. zunächst kein Wort deutsch sprach. Ihre Kontakte in Deutschland beschränken sich nicht zuletzt aus diesem Grund vor allem auf andere polnischen Migranten und Transmigranten. Mittlerweile ist M. geneigt, ihren Wohnsitz dauerhaft nach Deutschland zu verlegen. Ein Symptom dieser Neigung ist das Risiko, dass sie mit der Einwilligung in eine Scheinehe eingegangen ist. Aber dennoch sind die persönlichen Bindungen noch zu stark, um den Schritt der Abnabelung von ihrer polnischen Heimat endgültig zu vollziehen. Mutter und Bruder in Polen sind auf die Einkünfte von M. angewiesen, und sie empfindet den Unterhalt für ihre Familie als eine Pflicht, die über ihre privaten Interessen zu stellen sei. Die Transmigration stellt einen Kompromiss zwischen endgültigem Fortgang und dauerhafter Rückkehr dar.

c) Frau O., 36 Jahre alt, lebt seit 2000 überwiegend in Deutschland, fährt aber durchschnittlich alle drei Monate nach Polen, wo sie dann knapp einen Monat bleibt. Sie stammt aus einem kleinen polnischen Dorf, ist verheiratet und hat eine 13jährige Tochter. Ehemann und Tochter leben

weiterhin in diesem Dorf, während Frau O. in Deutschland als Altenpflegerin arbeitet. Sie betreut eine 82jährige Rollstuhlfahrerin und wech-
selt sich dabei mit ihrer Schwester ab, die seit 1998 in Hanau lebt, also
ebenfalls aus Polen transmigriert ist. Ursprünglich ist Frau O. gelernte
Schneiderin, die in ihrem Beruf in Polen keine Arbeit finden konnte und
zudem die heranwachsende Tochter betreuen musste. Nachdem ihre
Schwester in Deutschland Arbeit gefunden hatte, entschied sich O., die
zu diesem Zeitpunkt kein Wort Deutsch sprach, zu ihrer ersten Reise ins
Ausland. Naturgemäß war die Schwester die erste Anlaufstelle, die ihr
auch rasch Arbeit vermitteln konnte. Diese Schwester ist bis heute die
Zentralstelle ihres sozialen Umgangs in Deutschland geblieben, zusammen mit der Frau, die sie prinzipiell 24 Stunden am Tag betreut, da sie
bei ihr wohnt. Mit dieser anspruchsvollen Aufgabe ist Frau O. nichtsdes-
totrotz zufrieden, da sie einerseits mit der Schwester regelmäßig ver-
kehrt, in der Zwischenzeit viele Fertigkeiten erlernen konnte und zudem
den Kontakt nach Hause sehr regelmäßig pflegt. Hinzu kommen die finanziellen Vorteile. Auf der anderen Seite steht die lange Trennung von
ihrer Familie, weshalb sich O. bemüht, die zeitliche Distanz zwischen
den Besuchen möglichst gering zu halten.

d) Frau S., ist verheiratet und 42 Jahre alt. Sie arbeitet in Deutschland als
Putzfrau, während ihr Ehemann und die beiden Söhne in Polen leben.
Die gesamte Familie ist im Fernreisegeschäft tätig, was erklärt, wie Frau
S. Kontakte nach Deutschland knüpfen konnte und was der Familie die
Möglichkeit gibt, sich nicht nur innerhalb befristeter Besuche zu sehen:
Söhne wie Ehemann sind regelmäßig beruflich in Frankfurt und sehen S.
daher mindestens einmal im Monat. In Polen arbeitete S. als Friseurin,
2001 entschied sie sich jedoch zur Transmigration, zunächst nach Berlin
und schließlich nach Frankfurt. Interessanterweise gibt sie keine finanziellen Beweggründe an: Gerade weil die Familie ständig in Deutschland
unterwegs war, reizte sie das Fernweh, um etwas anderes als die ver-
traute polnische Provinz zu sehen. Während sie in Berlin noch als Kellnerin jobbte, ist sie in Frankfurt Putzfrau – zwar ein Abstieg, was das be-

rufliche Prestige betrifft, aber andererseits lebt sie so noch immer auf einem höheren Niveau als in Polen. Das Geld, das sie verdient, gibt sie indes doch überwiegend in Polen aus, wohin sie regelmäßig, meist in direkter Begleitung ihrer Söhne oder ihres Mannes, fährt. Der Aufenthalt in Deutschland ist eine Art befristetes Abenteuer, bei dem klar ist, dass S. sich von Polen keineswegs lösen möchte. Sie lebt in der Nähe von Frankfurt mit zwei anderen polnischen Transmigrantinnen zusammen.

e) Frau L. ist 26 Jahre alt und bezeichnet sich selbst schlichtweg als eine Polin, die in Deutschland Geld verdient. Der Beruf, dem sie nachgeht, den sie aber ungern ausführlich darstellt, ist die Prostitution. Frau L. lebt bereits seit 1999 in Deutschland und teilt sich hier eine Wohnung mit einer polnischen Freundin, die ebenfalls Transmigrantin ist. Im Fernstudium studiert sie Germanistik und Anglistik an einer polnischen Universität. Auch privat hat sie eine enge Bindung an Polen bewahrt: Dort lebt ihr fester Freund, dem nicht bekannt ist, dass sie als Prostituierte arbeitet. In Polen hat L. in kleinen Nebenjobs gearbeitet, als Kellnerin oder Verkäuferin. Ihr erster Besuch in Deutschland geht, so behauptet sie, auf einen anonymen Kontakt im Internet zurück, wobei nicht klar ist, ob dahinter nicht eine Schutzbehauptung steht. Einmal in Frankfurt, habe sie rasch Kontakte mit der »Szene« knüpfen können und den Eindruck gewonnen, dass gerade Transmigrantinnen auf diese Weise leicht Geld verdienen können. Das Geld, das sie als »Begleitperson« oder »Tänzerin« verdient, reicht aus, um ein zufriedenstellendes Leben in Deutschland zu führen und gleichzeitig regelmäßige Besuche in Polen zu bewerkstelligen. Ihr Ziel ist es, genug zu verdienen, um einmal nach Polen zurückzukehren und dort mit ihrem Freund zusammen zu leben. Für dieses Fernziel spart sie Geld und überwindet sich, einen Beruf auszuüben, von dessen geringem gesellschaftlichem Status sie überzeugt ist.

f) Frau G., 29 Jahre alt, lebt seit sechs Jahren in Deutschland. In Polen lebte sie in einer kleinen Stadt und arbeitete in einer Fabrik. Als sie ungewollt schwanger wurde, musste sie die Stadt verlassen. So lag die Idee recht nahe, ins Ausland zu gehen. Ein Bekannter von ihr fuhr regelmäßig nach Deutschland und überzeugte sie schließlich, ihr Kind bei ihren Eltern zurückzulassen und einen längerfristigen Arbeitsaufenthalt in Deutschland einzugehen. Zunächst hielt sie sich mit Kellnern über Wasser und schickte Geld an ihre Eltern, denen gegenüber sie die Fassade aufgebaut hat, dass sie hier verheiratet sei. Da sie kaum deutsch spricht, legal nicht arbeiten kann und dennoch Geld braucht, hat sie sich – teils aus Bequemlichkeit, wie es scheint, teils aus Unwissen – schließlich prostituiert und verfolgt diesen Job noch heute. Ihre ersten Kunden waren Polen, bis sie schließlich Kontakte zu einem solventeren deutschen Kundenkreis aufbauen konnte. Mittlerweile hat sie sich mit einem Leben als Prostituierte gut arrangiert und scheint es geradezu zu genießen, erotischer Mittelpunkt in Discos und bei privaten Veranstaltungen zu sein. Außerdem genießt sie es, zu reisen und ihr Geld schnell wieder auszugeben. Trotzdem liegt der Verdacht nahe, dass sie eine Rolle spielt: Es ist offensichtlich, dass sie ihren Alltag mit Alkohol bewältigt. Zukunftspläne hat G. keine: Für sie ist das Doppelleben zwischen Polen, wo sie ihrer Familie gegenüber als »normale« Arbeiterin auftritt, und dem deutschen Alltag im Rotlichtmilieu eine Entscheidung auf Dauer.

VII. Aufbau und Methoden

Wie bereits erwähnt, wurden die Interviews mit den Experten und den Transmigrantinnen im Zeitraum von März bis Mai 2005 in Frankfurt am Main und Umgebung geführt. Sie dauerten im Schnitt 60 Minuten. Die Gespräche wurden mit dem Einverständnis der Befragten auf Tonband aufgezeichnet und für die Analyse teilweise transkribiert. Der Ort, an dem die Interviews stattfanden, war bei allen Befragten ebenso unterschiedlich, wie die Modalitäten des Kennenlernens, die schließlich zu einer Verabredung zum Gespräch führten. Zur Verdeutlichung der jeweiligen Interviewsituation, die bei der Analyse des Gesagten nicht unbedeutend ist, an dieser Stelle eine tabellarische Übersicht, die sowohl die Umstände des Gesprächs als auch den ungleich wichtigeren Hintergrund der Kontaktaufnahme stichpunktartig erklärt.

Proband	Interviewort	Kontaktaufnahme
Herr J. (Pfarrer)	Büro des Pfarrers	Medienrecherche bezüglichen Personen im Rhein-Main-Gebiet, die sowohl mit Migranten als auch Transmigranten in Verbindung stehen; daraufhin telefonischer Kontakt
Frau K. (Lehrerin)	Café im Stadtpark	Kontaktaufnahme über persönliche Bekannte aus dem polnischen Migrationsumfeld
Herr R. (Händler)	bei ihm zuhause	Direkte Kontaktaufnahme durch Aufsuchen in seinem Lebensmittelgeschäft
Herr T. (Journalist)	Café im Stadtpark	Kontaktaufnahme über polnisches Kulturzentrum in Frankfurt

Proband	Interviewort	Kontaktaufnahme
Frau N. (Pflegerin I)	bei ihr zuhause	Kontakte aus dem persönlichen Umfeld der Verfasserin (D.H.)
Frau O. (Pflegerin II)	bei ihr zuhause	Kontakt im persönlichen Umfeld, nachdem das Ziel der Studie feststand
Frau M. (Putzfrau I)	bei mir zuhause (D.H.)	Kontakt über andere Probandin
Frau S. (Putzfrau II)	bei mir zuhause (D.H.)	Kundin im Geschäft von Herrn R., die sich spontan für ein Interview bereit erklärte
Frau L. (Prostituierte I)	bei mir zuhause (D.H.)	Kontakt über Internetchat und Telefon
Frau G. (Prostituierte II)	bei ihr zuhause	Telefonat mit Insider der Frankfurter Rotlichtszene, der dort arbeitet und Verbindungen zu Polinnen hat

a) Aufbau

Die Interviews wurden als qualitative Leitfadeninterviews mit problemzentriertem Aufbau konzipiert. Dabei wurden den beiden Befragungsgruppen zwei unterschiedliche Leitfäden vorgelegt. Den Experten wurden Fragen in drei Themenkomplexen vorgelegt, der Leitfaden, der sich an die Transmigranten wendet, weist demgegenüber vier dieser Themenkomplexe auf. Diese Themenkomplexe sollen inhaltliche Bezugspunkte bündeln, um das Phänomen der Reflexion über die Transmigration in unterschiedlichen Kategorien analysierbar zu machen.

Naturgemäß lässt ein qualitatives Interview kein stringentes Festhalten an der Struktur des Leitfadens zu, sondern verlangt Sprünge und Auslassungen. Dennoch habe ich in den Interviews bei beiden Gruppen alle wesentlichen Punkte zur Sprache gebracht, auch wenn dafür eine Unterbrechung des Redeflusses notwendig war; üblicherweise habe ich mich um eine Kombination aus gründlicher Abarbeitung des Leitfadens unter gleichzeitiger »Redefreiheit« für die Probanden bemüht. Die Wahl zum problemzentrierten Interview liegt nahe, weil das narrative Interview keinen direkten Bezug zu bestimmten Problemfeldern eröffnet. Wenn es um biographische Erlebnisse geht, ist das narrative Interview eigentlich die bessere Methode, aber rein biographisch sollten die Interviews nicht sein – besonders nicht die der Experten. An der Struktur der Leitfaden, die hier auf das Wesentliche gekürzt sind, soll deutlich werden, welche Problempunkte innerhalb der Äußerungen der Probanden für mich als Interviewerin von besonderem Interesse waren.

Leitfaden für die Experten

Der Leitfaden für die Experten geht davon aus, dass es sich dabei vor allem um *Beobachter* handelt, die die soziale Welt der Transmigranten vor dem Hintergrund ihrer eigenen Migrationserfahrung begutachten. Deshalb gehen die Fragen im Leitfaden davon aus, dass die subjektive Sicht des Befragten Aufschluss allgemeinen Interesses geben kann. Bei jeder Frage muss der Zusatz »ihrer Ansicht nach« hinzugedacht werden.

Themenkomplex 1 – Persönliche Daten und Kompetenz als Experte

Seit wann leben Sie in Deutschland?

Wieso sind Sie nach Deutschland migriert?

Was hat Sie nach Frankfurt geführt?

Welche Motive haben den Wunsch nach Migration gefördert?

War von Anfang an eine vollständige Migration beabsichtigt?

Welche Anbindung haben Sie noch immer an Polen?

Empfinden Sie sich überwiegend als deutsch oder polnisch?

In welchem Ausmaß haben Sie Kontakt mit Transmigranten?

Wie regelmäßig sind diese Kontakte?

Welche Einsichten haben Ihnen diese Kontakte geboten?

Was halten Sie für wesentliche Probleme oder Vorteile einer Transmigration aus dem Gesichtspunkt eines Migranten?

Themenkomplex 2 – Beobachtete Kulturunterschiede

Welche Kulturunterschiede können Sie in der Rückschau festhalten, welche bestehen für Sie noch immer?

Was ist der Unterschied zwischen Ihren eigenen Migrationserfahrungen und den Erlebnissen, die Sie bei Transmigranten beobachten können?

Wie schwerwiegend schätzen Sie diese Unterschiede als Problemfaktoren für Transmigranten ein?

Welche Probleme sehen Sie hinsichtlich des Lebensstandards, der Entfaltungsmöglichkeiten, der Berufschancen und der sozialen Kontakte für Transmigranten?

Haben Sie Ideen, wie man diese Problemfaktoren reduzieren könnte?

Was muss von Seiten der polnischen Transmigranten als Zusatzqualifikationen oder »Einstellungen« mitgebracht werden, um die Probleme zu verringern?

Themenkomplex 3 – Doppelseitigkeit

Ist die Lebensweise der Transmigranten (und ggf. auch der Migranten, die Sie kennen) in Deutschland offensichtlich anders in ihrer Heimat?

Gibt es eine typische polnische oder typisch deutsche Denkweise, die Sie festhalten können?

Sind diese unterschiedlichen Verhaltensweisen, wenn es sie gibt, das Resultat pragmatischer Anpassung, erzwungen oder freiwillig eingegangen?

Können Sie Aspekte einer »Doppelseitigkeit« bei Transmigranten feststellen? Wie äußert sich diese Doppelseitigkeit?

Erscheint diese Doppelseitigkeit als eher positive oder eher negative Komponente?

Sind solche Beobachtungen auch den Betroffenen selbst möglich, oder braucht es dafür den Blick von außen?

Gibt es Vorteile, die die hier lebenden Polen aus diesen Umständen ziehen können?

Leitfaden für die Transmigranten

Der Leitfaden für die Transmigranten ist ausführlicher, weil hier die Betroffenen selbst zu Wort kommen und aus der persönlichen Perspektive ihrer direkten Erfahrungen berichten sollen. Von einer »Beobachtungsneutralität« kann daher nicht mehr ausgegangen werden. Die vier Themenkomplexe sind entsprechend nur als »subjektive Kategorien« zu verstehen.

Themenkomplex 1 – Motivation und Beweggründe für die Migration

Seit wann leben Sie in Deutschland?

Wieso sind Sie nach Deutschland transmigriert?

Was hat Sie nach Frankfurt geführt?

Welche Motive haben den Wunsch nach Transmigration gefördert?

Haben sie konkrete Ziele, die Sie mit der Transmigration erreichen wollen?

Welche Bedeutung hat ihre Familie für Sie?

Wie hat sie auf die Entscheidung zur Transmigration reagiert?

Welche Erwartungen und Ziele haben Sie im Vorfeld mit dem Aufenthalt in Deutschland verknüpft?

Welches Vorwissen haben Sie über Deutschland gehabt? Gab es schon zuvor Kontakt nach Deutschland?

Welche ursprünglichen Pläne zur Aufenthaltsdauer hatten Sie? Hat sich das in der konkreten Situation verändert?

Themenkomplex 2 – Transmigrationserfahrungen

Wie verlief die Organisation für die Transmigration?

Welches waren die ersten, was die gewichtigsten Probleme?

Haben Sie in Deutschland oder noch in Polen Hilfe bekommen? Von wem? Wie kam der Kontakt zustande?

Welche Vorteile sehen Sie in einem Leben in Deutschland?

Was vermissen Sie an Polen am meisten?

Gab es Situationen, die Ihnen zeigten (bzw. zeigen wollten), dass Sie doch eindeutig »aus Polen stammen«? Waren diese Erfahrungen positiv oder negativ? Gab es umgekehrt Situationen, in denen Sie sich »deutsch« fühlten?

Können Sie »Mentalitätsunterschiede« zwischen Polen und Deutschen nennen? Inwiefern erschweren oder erleichtern Sie ihr Leben als Transmigrantin?

Werden Sie eher als Ausländerin oder als »Europäerin« gesehen, vielleicht sogar als Deutsche? Wie bewerten Sie solche Zuordnungen?

Wie ist Ihr Selbstbild: Sind Sie stärker in Deutschland, in Polen oder in beiden Ländern gleich verwurzelt?

Wie oft fahren Sie nach Polen zurück? Wie lange halten Sie sich dort auf?

Welchen emotionalen/materiellen »Gewinn« bringt dieser Aufenthalt im Vergleich zum Aufenthalt in Deutschland?

Themenkomplex 3 – Soziale Kontakte

Wo arbeiten Sie? Wie kamen Sie zu dieser Arbeit?

Können Sie Ihr Leben in Polen und die dort erworbenen Fähigkeiten gut in Einklang bringen mit Ihrem Leben in Deutschland?

Sind Sie mit der zwischenmenschlichen Atmosphäre vor dem Hintergrund ihrer Migration (also als Ausländerin) zufrieden?

Sind Sie gezwungen, sich in Deutschland anders zu verhalten als in Polen? Inwiefern?

Welche (auch rechtlichen) Probleme bringt ihre Lebensform in Deutschland mit sich? Wie gehen Sie damit um?

Welche Erfahrungen haben Sie mit Deutschen gemacht, die Sie als Ausländerin bzw. Transmigrantin wahrnehmen?

Welche Sprache benutzen Sie im Alltag häufiger?

Vermissen Sie stärker Deutschland, wenn Sie in Polen sind, oder Polen, wenn Sie sich in Deutschland aufhalten?

Welche Zukunftsaussichten haben Sie hinsichtlich Ihres familiären Lebens und Ihres gesellschaftlichen Status'?

Gibt es Bedingungen (oder sogar konkrete Pläne), unter denen Sie ganz zurück nach Polen ziehen würden?

Themenkomplex 4 – Kulturunterschiede

Welcher Kultur stehen Sie trotz allem näher: Der deutschen oder der polnischen? Oder befinden Sie sich nach eigener Ansicht in einem Zwischenzustand?

Bietet ein Leben zwischen zwei Kulturen mehr Vor- oder Nachteile?

Wie gehen Sie mit der »Doppelseitigkeit« im Alltag um: Ist sie ständig präsent oder wird sie kaum registriert?

Welche Kulturgüter aus Polen werden auch in Deutschland noch gepflegt (Musik, Traditionen u.a.)?

Was macht für Sie das »typisch Deutsche« oder »typisch Polnische« mittlerweile aus? Inwieweit hat sich dieses Bild durch die eigene Transmigrationserfahrung verändert?

Hat das Leben als Transmigrantin in Deutschland Ihr Bild von Polen verändert?

Hat es Ihre Einstellung zu Familie, Kirche, Staat usw. verändert?

Haben sich Ihr Selbstbild und Ihre Zielsetzungen, die Sie zu Beginn der Transmigration verfolgten, verändert?

Hat sich Ihr Begriff von Nationalität verändert?

Welche Erwartungen haben Sie und Ihre Familie bzw. Ihre sozialen Kontakte in Deutschland und Polen bezüglich Ihrer Zukunft?

Unter welchen Bedingungen erachten Sie die Transmigrationserfahrung als unumgänglich? Unter welchen Bedingungen wären Sie Ihrer Meinung nach vermeidbar? Was ist der persönliche Gewinn daraus?

b) Methode

Die Interviews beider Gesprächsgruppen wurden nach der Methode der qualitativen Inhaltsanalyse nach Mayring analysiert[32]. Das Besondere an dieser Methode besteht darin, dass sie mit vorgefertigten Kategorien operiert. Diese Vorannahmen, die mitunter schon als Vorwegnahme von Ergebnissen formuliert sein können, können in Form einer späteren Bestätigung oder Widerlegung verwendet werden. Mayring schlägt drei Formen der Analyse vor, die jeweils spezifische Vorgehensweisen verlangen und sich in sieben verschiedenen Formen der Auslegung ausdifferenzieren[33]:

Zusammenfassung: Reduktion des Materials auf die wesentlichen Inhalte. Durch die Verringerung des gesamten Befragungsmaterials auf die ent-

---

[32] Vgl. Philipp Mayring: *Qualitative Inhaltsanalyse*, 8. Aufl. Weinheim/Basel 2003.
[33] Vgl. ebd., S. 58f.

scheidenden Punkte ist noch immer ein »Abbild des Grundmaterials« möglich (Analyseform: Zusammenfassung);

Explikation: Verwendung zusätzlichen Materials für die einzelnen Textteile, um das Verständnis zu erweitern und die Aussagen vertiefend zu erläutern (Analyseformen: Enge und weite Kontextanalyse);

Strukturierung: Herausfiltern bestimmter Aspekte unter bereits vorher festgemachten Ordnungskriterien, um einen Querschnitt des Materials zu erreichen oder dieses aufgrund bestimmter Kriterien einschätzen zu können (Analyseformen: Formale, inhaltliche, typisierende und skalierende Strukturierung).

Für die vorliegende Arbeit wurde das Prinzip der *Zusammenfassung* als Deutungsschlüssel gewählt. Dies bietet sich an, weil die Menge der Daten – jedes der zehn Interviews dauerte durchschnittlich eine Stunde lang – sonst zu unübersichtlich geworden wäre. Zudem sind wesentliche Punkte, die von unterschiedlichen Befragten zu Protokoll gegeben wurden, inhaltlich sehr ähnlich. Es bietet sich daher an, das Wesentliche zu bündeln und die überschüssigen Informationen, die bereits erhaltene Angaben nur bestätigen, zu streichen. Gleichzeitig verlangt dies nach einer Abstraktion der Aussagen und daher in gewisser Weise nach einer Verringerung des Anspruchs, das »Individuum« sprechen zu lassen. Es wurde versucht, jene Aspekte, die nur die einzelne Person als biographisches Erlebnis betreffen, zugleich aber ein Licht auf die Gesamtsituation von Transmigranten werfen, als interessante »Einzeläußerungen« beizubehalten. Schließlich sind zehn Probanden alles andere als repräsentativ für die polnischen Transmigranten, die in Deutschland leben. Es macht somit Sinn, die Individualität der Interviewpartner in wesentlichen Punkten zu erhalten. Das, was abstrahiert wird, betrifft vor allem Aussagen zu den »technischen« Aspekten der Transmigration. Mayring schlägt für die zusammenfassende Inhaltsanalyse ein siebenstufiges Modell vor:

1) Bestimmung der Analyseeinheiten

2) Paraphrasierung der inhaltstragenden Textstellen

3) Bestimmung des angestrebten Abstraktionsniveaus; Generalisierung der Paraphrasen unter dieses Niveau

4) Erste Reduktion durch Selektion, Streichen bedeutungsgleicher Paraphrasen

5) Zweite Reduktion durch Bündelung, Integration von Paraphrasen auf das angestrebte Abstraktionsniveau

6) Zusammenstellung der neuen Aussagen als Kategoriensystem

7) Rücküberprüfung des zusammenfassenden Kategoriensystems am Ausgangsmaterial

Während die Stufen 3 bis 5 je nach Material zu einem großen Schritt zusammengefasst werden, bedingt die 7. Stufe eine Rückkopplung auf Stufe 3, um die abschließende Überprüfung des Kategoriensystems zu ermöglichen.

Für die vorliegende Arbeit musste Mayrings Modell ein wenig verändert werden. Wie gesagt, ist bei der Generalisierung des Abstraktionsniveau (Stufe 3) der Einschnitt gemacht worden, nicht alles, was an Informationen im Gespräch übermittelt wurde, unter das anvisierte Abstraktionsniveau zu bringen, um das »Überleben« einiger subjektiver Aussagen zu gewährleisten, die von besonderem Interesse sind. Das wirkt sich entsprechend auf die 5. Stufe aus, wo es um die Bündelung des Materials geht: Nicht alles, was an diesem Punkt an zu analysierendem Material vorlag, konnte gebündelt werden. Die Bündelung bezog sich im vorliegenden Fall primär auf die Daten, die nicht so stark mit den einzelnen Persönlichkeiten verbunden waren, sondern auf strukturelle Probleme und Tatsachen Bezug nahmen (die natürlich ebenfalls von *Einzelpersonen* erlebt und bewertet wurden). Das Kategoriensystem, das im 6. Schritt angelegt werden sollte, findet sich im Wesentlichen bereits in der Ausarbeitung der Leitfäden als *Themenkomplexe* wieder. Diese bieten einen groben Orientierungsrahmen für die Kategorien, die sich in der Analyse ergeben haben und die in den nachfolgenden Interviewanalysen verwendet wurden.

Interviewanalysen

Die Auswertung der Interviews folgt nicht der Reihenfolge der befragten Probanden, sondern bringt deren Aussagen in fünf wesentliche Abschnitte zusammen, damit ein einheitliches Bild von dem Problembereich geboten werden kann. Bei diesen fünf Abschnitten handelt es sich um:

a) *Transmigration als Chance*: Die Befragten, sowohl Experten als auch die Transmigranten selbst, haben sich auffallend häufig darüber geäußert, welche Möglichkeiten Transmigranten offen stehen, sobald sie den Schritt aus Polen nach Deutschland wagen. Zwar sind die Nachteile der Transmigration allen klar, mehrheitlich zeigt sich aber, dass die Vorteile, die zu diesem Schritt überhaupt erst motiviert haben, unterm Strich als gewichtiger betrachtet werden. In diesem Abschnitt soll dargestellt werden, wie sehr die Probanden Transmigration als persönliche und allgemeine Chance verstehen.

b) *Übergangsphase*: Die Transmigranten erkannten durchaus, dass sich der Übergang von Polen nach Deutschland nicht von einem auf den anderen Augenblick vollzieht, sondern Prozesscharakter aufweist und sich phasenweise abspielt. In welcher Phase welche Erfahrungen gemacht werden, ist ein entscheidender Faktor, wenn es um die Eingliederung in Deutschland bzw. um die Sichtweise geht, die Transmigranten von Deutschland haben. Das leitet über zu:

c) *Deutschlandbild*: In allen Gesprächen kamen die bewusst und teilweise auch unbewusst registrierten Unterschiede zwischen der polnischen Heimat und der deutschen Aufnahmegesellschaft zur Sprache. Da Polen als Ursprungsort und als Quelle der ersten kulturellen Prägung den Befragten vertrauter ist als Deutschland, richtete sich der Fokus der relevanten Äußerungen auf das später hinzugewonnene Bild, also darauf, wie Deutschland aus Sicht der Transmigranten und Experten als *Trans-migrationsland* bewertet wird.

d) *Identität und Doppelseitigkeit*: Dieser Abschnitt bündelt die wesentlichen Ergebnisse der Untersuchung, denn er zeigt, wie die Probanden die Situation »zwischen den Stühlen«, die mehr ein »Sitzen auf zwei Stühlen« ist, hinsichtlich ihrer eigenen Identität und ihres Bewusstseins über die Doppelseitigkeit, in der sie stehen, reflektieren. Das umfasst sowohl die Kompetenz, im Zuge eigener Erfahrungen allgemeines über Kulturunterschiede zu sagen und dabei selbst auswählen zu können, was sie an Erfahrungen ausbauen und was sie vermeiden möchten, als auch die autonome Wahrnehmung der Befragten, was ihre persönliche *Verwicklung* und *Entwicklung* sowohl in die deutsche wie polnische Kultur betrifft. Diese Ergebnisse stehen im Zeichen der *Selbstreflexion* bzw. *Selbstbeschreibung* der Transmigranten.

e) *Zukunftsperspektiven*: Abschließend ein Blick auf die in fast allen Interviews dargelegten Zukunftsperspektiven, die sich zwar hauptsächlich auf die biographische Situation der Befragten beziehen, aber auch Allgemeines zum Status der Transmigration aussagen. Wie sich zeigte, gehen Transmigranten keineswegs von einer »abgeschlossenen« Entwicklung aus, sondern behalten stets im Hinterkopf, dass ihre momentane Lebenswelt auf vielen Veränderungen und Umbrüchen basiert, die sich jederzeit wieder unter anderen Vorzeichen und anderen Bedingungen wiederholen können.

a) Transmigration als Chance

Die größte Begeisterung für die Chance, die ihr die Transmigration bietet, hegt Frau M.[34]:

---

[34] Die Interviewaussagen sind Übersetzungen aus dem Polnischen und deshalb nicht vollständig wortgetreu. Sie wurden der besseren Verständlichkeit halber leicht geglättet, wobei versucht wurde, den Redefluss möglichst originalgetreu

»Ich bin überzeugt, dass ich mehr erreicht habe, indem ich aus Polen weggegan-
gen bin und mich für diese Lebensweise entschieden habe – mal abgesehen von
der Art der Arbeit und dass ich hier tatsächlich viel arbeite. Es gibt vieles, auf
was ich stolz sein kann: Ich habe hier ein Auto, eine Zwei-Zimmer-Wohnung,
ich gebe auch Geld an meinen Bruder und ab und zu an meine Mutter. Ich wür-
de das in Polen innerhalb so kurzer Zeit nie erreichen. Ich würde nie diese Unab-
hängigkeit erlangen, den Abstand von meiner Familie, also hauptsächlich zu
meinem Vater. Es ist gut so, wie es ist, ich kann meine Eltern jederzeit besuchen,
ich kann meiner Mutter helfen und ich habe trotzdem mein eigenes Leben hier.
Und ich konnte so viele interessante, wunderbare Menschen treffen. Schon allei-
ne aus diesem Grund lohnt es sich, so was zu wagen.«

Die Tatsache, dass sie sogar bereit ist, eine Scheinehe einzugehen, um in
Deutschland leben zu können, spricht für ihre Begeisterung – zeigt aber
andererseits, dass sie sich in einer Situation befindet, in der sie der Verwirklichung eines (wenn auch nur vorläufigen) »Glücks« massiv nach-
helfen muss, in diesem Fall sogar mit illegalen Mitteln. Der Lebensstandard und die vergleichsweise unmittelbaren Möglichkeiten, zu Wohlstand zu kommen, sind für sie die Realisierung einer Utopie:

»Wie gesagt, ich war noch nie in Deutschland und meine Vorstellungen von die-
sem Land haben sich anhand von Erzählungen von Bekannten gebildet, die hier
gearbeitet haben. Aber eine Erwartung, eine klare Vorstellung, die ich hatte, war
die, dass hier das Leben leichter, einfacher ist ... dass es wesentlich einfacher ist,
hier zu leben, an Geld und dadurch an materielle Güter zu kommen. Ich wollte
mich in Polen selbstständig machen, eine eigene Wohnung haben und nicht mit
meinem alkoholkranken Vater, mit dem ich ständig Streit hatte, leben müssen.
Ich konnte es nicht realisieren, selbst als ich eine Arbeit hatte - das war frustrie-
rend.«

Frau M. ist eine überaus agile Person, die in Deutschland die Möglichkeit
zum Ausleben ihrer Interessen ohne finanziellen Notstand sieht. Das ist
die Chance, die sie in der Transmigration sieht: Die Verwirklichung individueller Zufriedenheit, und für dieses Ziel investiert sie einiges. Wie
stark die Anforderungen sind, die die Organisation der Transmigration,

---

beizubehalten – was nicht immer möglich war. Im Zweifelsfall wurde mehr Wert
auf die bessere Nachvollziehbarkeit gelegt.

die Trennung von der Familie, das Eingehen einer Scheinehe usw. mit sich bringen, zeigt sich in ihrer Äußerung, dass sie trotz aller Zufriedenheit nicht jedem rät, die Transmigrationserfahrung zu machen:

»Nein, natürlich würde ich diesen Aufenthalt meinem Kind nicht empfehlen. Wenn ich jetzt in Polen leben würde, wenn ich ein Kind hätte und meine Tochter – so wie ich – nach Deutschland gehen würde, wäre ich wohl dagegen. Ich würde ihr so ein unsicheres Leben nicht empfehlen. […] Für Studium oder Ausbildung, wenn sie sie sich nicht um alles kümmern müsste, wäre es okay. Aber mit diesem Wissen, dass ich habe, würde ich es als ein zu großes Risiko betrachten. Das ist einfach ein schwieriger Weg. Ich denke, niemand würde es mit gutem Gewissen dem eigenen Kind oder Freund empfehlen.«

Ihre Zukunftsperspektive (dazu unten mehr) ist vergleichsweise offen: Sie würde in Deutschland bleiben, wäre aber auch bereit, nach Polen zurückzukehren, sofern sie dort den »deutschen« Lebensstandard halten könnte. Da dies gegenwärtig nicht zur Debatte steht, bezeichnet M. sich nicht mehr als »Polin«, aber noch nicht als »Deutsche« – sie greift zu dem kosmopolitischen Ausweg und nennt sich »Europäerin«:

»Ich fühle mich nicht mehr wie eine 100%ge Polin aus Polen. Natürlich werde ich immer, bis zum Ende meines Lebens eine Polin bleiben, aber ich fühle mich irgendwie nicht wie eine Polin aus Polen. Wie eine Polin aus Deutschland schon eher … Ich würde aber sagen eine Europäerin – so fühle ich mich.«

Einen direkten Gegensatz zu dem, was Frau M. sagt, ließ sich in keinem Interview finden: Niemand äußerte, in Deutschland allein aufgrund des ökonomischen Zwangs tätig zu sein, während »das Herz« noch immer voll und ganz in Polen geblieben sei. Andererseits bestritt keiner der Befragten die Relevanz des wirtschaftlichen Aspekts: Ohne die Möglichkeit, in Deutschland Geld zu verdienen, wäre niemand das Wagnis der Transmigration eingegangen. Am nüchternsten, und damit am stärksten im Gegensatz zu Frau M., sieht die Altenpflegerin Frau O. die Situation:

»Wie gesagt, meine Schwester war da, mit ihr konnte ich den Job teilen, deswegen wäre es unklug gewesen, wenn ich die Chance, so gutes Geld zu verdienen, nicht nützen würde. Meine Tochter wird ja auch nicht kleiner und die Ausgaben wachsen auch ständig. Es wird immer teurer in Polen und die Leute haben im-

*mer weniger Geld, deswegen funktioniert auch die Firma meines Mannes nicht
so gut.«*

Wenn die Grundlage ihres »deutschen Alltags« entfällt, d.h. konkret:
Wenn die alte Frau, die sie betreut, nicht mehr lebt, will O. ihren Aufenthalt in Deutschland und damit ihre persönliche »Doppelseitigkeit« zu-
gunsten einer Rückkehr in die polnische Heimat abbrechen. Für sie bietet
die Transmigration also nur bedingt eine Chance, aus dem Alltag ihres
bisherigen Lebens auszubrechen: Dieser Alltag, insbesondere das Leben
mit Ehemann und Tochter, steht für O. an weit höherer Stelle als Selbst-
verwirklichungsideale, nach denen Frau M., die ungebunden ist, streben
kann. Gewiss hängt diese Vorstellung O.s mit der Verantwortung zusammen, die sie als Ehefrau und Mutter trägt: Diese Verantwortung
kann sie auch in der Transmigration nicht ablegen, sie bleibt über die
Distanz erhalten und mag der Faktor sein, der den stärksten Ausschlag
gibt:

> *»Meine ganze Familie wusste, dass ich nach Deutschland nur arbeiten gehe. Wir
> haben es auch mehrmals gemeinsam besprochen und es dauerte ein paar Monate
> bis ich mich für diesen Schritt entschied. Wie jede Mutter, die glückliche Kinder
> haben will, wollte ich, dass meine Tochter es akzeptiert und damit einverstanden
> ist. Für meinen Mann bedeutete es auch natürlich eine Umstellung. [...] Ich bin
> mit der Überzeugung gekommen, dass ich mich selbst mit Deutschland nicht
> verbinden kann. Wäre es für mich nicht möglich, regelmäßig nach Polen zu fah-
> ren und einige Zeit mit meiner Tochter und meinem Mann zu verbringen, hätte
> ich mich nie dafür entschieden, da ist mir die Familie zu wichtig.«*

Dass die Chancen, die die Transmigration bietet, ganz rational und be-
rechnend verwendet werden können, offenbart das Interview mit der
»Begleitperson« Frau L.: Sie sucht ihren Kundenstamm explizit nach der
Solvenz aus und gibt zu Protokoll, dass das Geld der wesentliche Faktor
ist. Die Chance, die sich ihr in der Transmigration offenbart, ist das Leben in einer alternativen, anonymen Alltagsform, die sich radikal von ihrer Lebenswelt in Polen unterscheidet, ohne dass die Personen, die ihr
privat wichtig sind, davon erfahren. Das Abtauchen in eine andere Welt,
die Halbwelt des schnellen Geldes unter Preisgabe bestimmter morali-

scher Werte, ist ihr nur in der Transmigration möglich: In Polen würde sie, ungeachtet der Ahnungslosigkeit ihres Freundes, niemals als Prostituierte arbeiten – dort ist ihr der gesellschaftliche Status quo wichtig, während sie in Deutschland absichtlich den Rang einer in der Masse aufgehenden Einzelperson spielt. Transmigration bietet für L. lediglich eine zeitlich begrenzte Chance, nämlich die Möglichkeit, aus der Kontinuität auszubrechen, mit der ihr Leben in Polen vorprogrammiert ist. Dieses Programm entspricht durchaus ihrem Willen, aber sie trennt radikal zwischen beiden Ländern: Die L., die in Polen lebt, ist die »normale« L.; die L. in Deutschland wurde im Augenblick der Transmigrationsentscheidung geboren und wird verschwinden, sobald die Rückkehr nach Polen ausgemacht ist:

> »In Polen ist es natürlich anders, da sind auch Menschen, mit denen ich aufgewachsen bin, die mich lange kennen und die ich liebe, wie meine Familie, wie meinen Freund, und es liegt mir an ihnen, an ihrer Meinung. Deswegen bin ich da auch zwangsläufig anders als hier, wo ich alleine bin. Das hier ist wie eine Rolle, die man spielt und dafür Kohle kassiert.«

Trotz aller notwendigen Orientierung an den Verdienstmöglichkeiten, die sich durch die Transmigration ergeben, ist die persönliche *Mentalität* ein entscheidender Faktor. Während Frau M. mit ihrem Aufenthalt in Deutschland ein gewisses Prestige-Ideal verbindet, das sie nur hier ausleben kann (und möglicherweise erst in Deutschland vollständig entwickeln konnte), blickt Frau L. eher in die Zukunft, um einen erwünschten gesellschaftlichen Status in der polnischen Heimat ausleben zu können. Beide gehen von einem *Zielpunkt* aus, den sie mit der Transmigration verknüpfen, und beide bedienen sich eines bestimmten Habitus, um diesem Ziel nahe zu kommen. Sie versuchen, sich gegen andere Lebensformen durch »feine Unterschiede« abzugrenzen[35]. Dabei greift Frau N. keineswegs zu einer Idealisierung Deutschlands. Anfangs erschien es

---

[35] Vgl. Pierre Bourdieu: *Die feinen Unterschiede. Kritik der gesellschaftlichen Urteilskraft*, Frankfurt 1988.

ihr, als könnte Deutschland, mit ihrer polnischen Vergangenheit verglichen, tatsächlich die Verwirklichung einer Utopie sein:

> »Ich habe einfach gedacht, dass hier, sobald ich hier in Deutschland bin, alles wie geschmiert laufen wird; dass man hier keine Sorgen haben wird, schon gar keine finanziellen Nöte. Ich war so dumm! Aber so denkt man am Anfang. Ich war ja auch jung und es war das erste Mal, dass ich ins Ausland ging, in das berühmte Deutschland, da kann man nicht anders denken.«

Dann aber stellte sich angesichts der sozialen Probleme, denen sie in ihrer neuen Heimat begegnete, heraus, dass auch hier Licht und Schatten nah beieinander liegen. Zwar möchte sie überwiegend in Deutschland leben, der Kontakt nach Polen bricht aber nicht ab, weil verschiedene Störfaktoren ihr das Leben, wie sie es sich idealerweise wünscht, erschweren – Faktoren, die es in Polen nicht gibt. Einerseits ist es die Distanz zur Familie, andererseits das durchaus schwierige Leben als Transmigrantin, das trotz aller Chancen nicht ohne Hindernisse verläuft, wie N. betont:

> »Es ist nicht so, dass hier alles so rosig ist. Es gibt schon Dinge, die mir hier absolut nicht gefallen, wie Rassismus, diese Vorurteile, dass der Mensch wegen der Nationalität beurteilt wird. Es gab schon Zeiten, wo ich mir dachte, was mache ich hier in diesem Land? Als ich mir damals die Wohnung gesucht habe, war die erste Frage: Woher kommen sie, was machen sie hier, usw. Als ich gesagt habe: Aus Polen, war die Sache meistens erledigt. In den Discos spüre ich auch die Einstellung der Deutschen den Polinnen gegenüber, dass sie hier als ›leichte Mädchen‹ gelten und deswegen nicht so ernst genommen werden.«

Frau L. wiederum hat mit einer Idealisierung der Transmigration nie wirklich angefangen: Sie fasst, das zeigt schon ihr distanziertes Auftreten, das klar macht, dass sie rein »geschäftlich« auftritt, ihre Chance als Sprungbrett für eine bessere Zukunft auf. Für diese Zukunft ist sie bereit, schwerwiegende Kompromisse zu machen und ihren Körper als »Firma« zu vermarkten:

> »Man muss es einfach anders sehen. Mein Körper ist meine Firma und ich verdiene damit mein Geld. Ich bin keine Prostituierte, ich verkaufe mich ja nicht und ich arbeite für niemanden. Ich entscheide, mit wem ich mich einlasse. Wenn die deutschen Männer so doof sind und bereit sind, hinzublättern, dafür dass ich

vor denen tanze, ist es ihre Sache. [...] Mein Freund und meine Familie wissen
nichts davon. Denkst du, dass die deutschen Männer es ihren Ehefrauen und den
Kindern erzählen?«

Die anderen befragten Transmigranten gaben zu Protokoll, dass hinter
ihrer Entscheidung, eine »doppelseitige« Existenz aufzunehmen, durchaus auch Bequemlichkeit stand. Frau O. versteht ihr Leben in Frankfurt
als einen »Arbeitsaufenthalt«, obwohl sie emotionale Bindungen hat (sie
pflegt eine ältere Frau, bei der sie lebt, gemeinsam mit ihrer ebenfalls im
Rhein-Main-Gebiet lebenden Schwester). O. schaut ebenfalls in die Zukunft, wenn es um die Bewertung der Chancen geht, die die Transmigration eröffnet: Für sie ist der Arbeitsaufenthalt die Durchgangsstation zu
einem ruhigeren Leben in einem vertrauten Umfeld, das sie bereits
kennt: Es ist ihre Familie, die in Polen zurückgeblieben ist:

> *»Hier in Deutschland, das ist für mich nicht das normale Leben. Ich mag diese*
> *alte Frau, sie ist ein lieber Mensch, der mir ans Herz gewachsen ist, und ich*
> *kümmere mich um sie wie um eine Freundin, was sie auch zu schätzen weiß, sie*
> *hilft mir finanziell sehr. Aber ich sehe eben wenig von Deutschland und spare*
> *das Geld. Deswegen bin ich auch nicht unglücklich: Es ist eben eine Arbeit, mit*
> *der ich gut verdienen kann. Wenn ich aber in Polen bei meiner Familie bin, fängt*
> *für mich das ›normale‹ Leben an und ich lebe auf. So will ich auch später einmal*
> *leben können.«*

Das deckt sich durchaus mit den Auskünften, die von Seiten der Experten geliefert wurden. Der Einzelhändler R. geht davon aus, dass Polen
ausschließlich aufgrund der finanziellen Einkünfte nach Deutschland
kommen und dass im Zuge der Transmigration die kulturelle Seite ne-
bensächlich sei. Sein Bild der Transmigranten ist dabei ein denkbar ein-
faches: Sie erscheinen als »Arbeitsmenschen« auf der Bildfläche, um jenseits ihrer beruflichen Tätigkeit so gut wie kein Leben mehr auszuüben.
Für seinen subjektiven Blick mag das auch zutreffen, obwohl er selbst
das Prinzip widerlegt, da er sich keineswegs als reiner Arbeitsmensch
versteht, sondern die Arbeit als Mittel zum Zweck definiert, und dieser
Zweck ist ein intensives Leben (andererseits handelt es sich bei R. auch
nicht um einen Transmigranten):

»*Vielleicht ist es so: Die Mehrheit der Menschen kommt wegen des Geldes, das sie hier verdienen können. Deshalb sind sie auch an Kontakten zu Deutschen sehr interessiert, weil es eben mit der Arbeit verbunden ist. Das sind keine sozialen Kontakte an sich! Es gibt natürlich Ausnahmen, aber es ist eher so, dass man an den Deutschen, der deutschen Sprache, der Kultur interessiert ist, da es so bessere Arbeitsmöglichkeiten und Möglichkeiten des Geldverdienens gibt. [...] Die Polen hier in Deutschland leben teilweise in schlechten Verhältnissen, ertragen Unbequemlichkeiten, aber dadurch sparen sie Geld, das sie später in Polen mit der Familie und Freunden ausgeben können.*«

R.s Aussagen decken sich bis zu einem gewissen Punkt mit denen der Lehrerin Frau K.: Sie bestätigt, dass Polen in Deutschland wenig Anteil nehmen an den Erlebnismöglichkeiten, die sich ihnen bieten, selbst nicht an denjenigen, die spezifisch Polen adressieren. Der Grund dafür sei aber nicht im Unwillen der Transmigranten zu sehen, mehr als nur das Geldverdienen in den Lebensmittelpunkt zu stellen, sondern in der Unmöglichkeit, den Alltag um ein großes Maß an Abwechslung anzureichern. Zwangsläufig sei es eben doch der ökonomische Aspekt, der so schwer wiegt, dass er andere Faktoren überdeckt:

»*Solche Menschen arbeiten hier die ganzen Tage, und wenn sie übermüdet nach so einem Tag nach Hause kommen, haben sie doch keine Lust mehr auf Kultur. Es geht dabei nicht nur um die deutsche Kultur! Aber natürlich hat das mit der Sprache zu tun. Selbst Veranstaltungen, die speziell für Transmigranten organisiert werden, polnisches Kabarett, auch leichte Unterhaltung, das ist alles wirklich schlecht besucht, wenn man bedenkt, wie viele Polen sich hier in Frankfurt aufhalten. Das ist schade, aber irgendwie auch verständlich, wenn man sich in die Situation dieser Leute hineinversetzt.*«

Das setzt aber voraus, dass Transmigration wirklich nur als *wirtschaftliche* Chance gesehen wird. Dafür gibt es Gegenargumente: Frau S. bestreitet, dass das Geld den einzigen Ausschlag gibt. Für sie spielt auch eine gehörige Portion »Abenteuerlust« mit. Ähnliches deutet Frau N. an: Die persönliche Freiheit und der westeuropäische Lebensstil sind ihr wichtig, und diese Werte sind ihr wichtiger als ihr Verdienst. Diese Einsicht ereilte sie allerdings erst im Nachhinein, nachdem sie einige Zeit in

Deutschland verbracht hatte – Zeit genug, um ihre ursprünglichen Annahmen zu revidieren.

Vielleicht lassen sich beide Aspekte verbinden: Der Journalist Herr T. erklärt, dass die Chance, die in der Transmigration liege, eine »schmerzfreie« Integration sei. Geld verdienen und ein alternatives Leben lassen sich gut vereinbaren, nachdem jedem Polen in Deutschland – anders als ihm selbst, als er migrierte – klar ist, wie die Verwandten und Freunde in der Heimat leben. Er selbst konnte als Regimegegner keinen Kontakt nach Polen aufnehmen und war gezwungen, die radikale Trennung anzunehmen. Heute seien die Schwierigkeiten, die der Transmigration unterstellt werden, nicht mehr so wesentlich – deshalb überwiegen die positiven Aspekte:

> *»Jetzt ist das alles einfacher geworden. Ich habe 10 Jahre Polen gelebt, außerhalb Polens Grenzen und ohne die Möglichkeit der Reise nach Polen. Ich weiß, was das bedeutet, die Sorge um die Verwandten, die zurückgeblieben sind, verzweifelte Bemühungen, im Beruf zu bleiben, eine innere Erschütterung, wenn man etwas Polnisches gesehen oder gehört hat. Das muss man erleben, das kann man nicht beschreiben. [...] Jetzt ist das anders. Wenn man nach Deutschland fährt, weiß man im Hinterkopf, dass man jederzeit zurückgehen kann, dass die Grenzen geöffnet sind. Die Angst, der Schmerz der Trennung entfällt, weil es keine wirkliche Trennung ist. Die Probleme, die die Leute hier haben, vor allem Job- und Wohnungssuche, gibt es überall, in Polen hatten sie sie auch. Das gehört eben zum Leben. Wenn sie aber wissen, wo ihre Wurzeln sind, ihre Heimat, in die sie jederzeit zurückkehren können, und wenn sie wissen, wie es den Menschen geht, die sie lieben, dann können sie sich leichter auf neue Chancen einlassen, ohne die unterschwellige Angst zu haben, das Alte, Vertraute zu verlieren.«*

Ganz im Gegensatz betrachtet Pfarrer J. die Transmigration eher aus pessimistischer Perspektive. Seine Sichtweise dürfte wohl damit zusammenhängen, dass er als Pfarrer eher Anlaufstelle der Unglücklichen als der Zufriedenen ist. Das, was er als Experte von der sozialen Wirklichkeit mitbekommt, ist in der Tat deprimierend: Ihm begegnen Polen in der Transmigration, die in eine Orientierungslosigkeit gefallen sind, weil sie die Differenz zwischen Polen und Deutschland nicht verarbeitet haben. Ihre Flucht in den Alkohol oder in ein völliges Zurückziehen auf den persönlichen Binnenraum versteht J. als warnendes Signal für künftige Transmigranten:

>*Diese Transmigration, wenn es zu einem unstabilen Leben (poniewierka) wird, ist sicherlich etwas, was den Menschen, gerade jungen Menschen das Leben ruinieren kann. Manche sind verzweifelt, weil sie keine Arbeit, kein Geld, keine Kontakte haben. Sie kommen hierher, weil sie denken, dass sich gleich etwas finden lässt, dass das Geld sozusagen ›auf der Straße‹ liegt. Aber das ist nicht so. [...] Aus der Not heraus kann es passieren, dass sie sogar stehlen, um überleben zu können. Die Verzweiflung kann man sogar in der Kirche sehen. Sonntags ist sie voll, die Leute werden davon angezogen, auch die, denen es nicht um den Gottesdienst geht: Betrunkene, sogar eine junge Frau war da, die sich prostituieren wollte. Ich habe sie gefragt, wieso sie das tut, und sie antwortete: ›Finde mir doch eine andere Arbeit, wenn du so klug bist.‹ Es ist tragisch, dass die Menschen keinen anderen Ausweg sehen. [...] Und dann gibt es die Gruppe, die zu viel Geld hat – sie fangen an, unmoralisch zu leben, weil sie nicht wissen, wohin mit dem Geld. Wenn sie hier verdienen und sinnvoll in Polen investieren, ist Transmigration eine Chance, aber meiner Erfahrung nach läuft es meistens anders.«*

Auch dass Polen in Deutschland mehr gegen- als miteinander agierten, während ein solidarisches Miteinander doch ein urpolnisches Prinzip sei, beklagt J. in seiner moralisch motivierten Aussage. Es verwundert nicht, dass der Zerfall der Familie, sicher ein gewichtiges Problem, ebenfalls von J. als Beweis seiner These angeführt wird. Gleichzeitig gab er zu, dass er eigentlich nur Negatives zu Protokoll geben könne, während es sicher – für andere Menschen – auch Positives gebe. Dass Transmigration unterm Strich aber als ein gewinnbringendes Unternehmen qualifiziert werden kann, kann J. sich nicht vorstellen; das widerspricht zu sehr den Einsichten, die er im alltäglichen Umgang mit polnischen Transmigranten gewinnt:

>*Für das Familienleben ist es eine makabre Situation. Frauen da, Männer hier. Das hat sich mittlerweile auch geändert, die Frauen kommen ja auch. Es ist aber eine fatale Situation, wenn einer hier ein Doppelleben führt, dann nach Polen zurückkommt, vielleicht sogar mit Geld, und den normalen Ehepartner spielt. [...] Ich weiß, ich konzentriere mich auf die negativen Seiten, es gibt auch Plus-*

punkte, aber was das Soziale betrifft, sehe ich für die Menschen in der Transmig-
ration eher Nachteile.«

Eine einheitliche Aussage darüber, wie Transmigration insgesamt als Chance verstanden werden kann, ließ sich aus den zehn Interviews nicht ableiten. Dafür waren die Angaben zu subjektiv, zu sehr auf das individuelle Leben beschränkt. Von diesen subjektiven Aussagen lässt sich das Allgemeine ableiten. Dazu gehört, dass die Ansicht, welche Chancen Transmigranten haben, davon abhängt, *wann* diese Frage gestellt bzw. wann sie zum Gegenstand einer Selbstreflexion wird. Viele der Befragten gaben an, dass ihre Perspektive, was die eigenen Chancen betrifft, vor der Reise nach Deutschland anders war, als sie es jetzt ist, da die entsprechenden Erfahrungen real verwirklicht wurden. Dafür ist wiederum Frau N. ein Beispiel. Zunächst befürchtete sie, in Deutschland nicht sehr zufrieden sein zu können. Als sie zunächst als Au-Pair-Mädchen arbeitete, schien sich dieser Eindruck zu bestätigen: Sie war mit ihrer Lebenssituation unzufrieden und konnte der Transmigration in diesem Stadium nichts Positives abgewinnen. Zu einem gewissen Anteil mag dies aber auch damit zusammenhängen, dass sie vor der Transmigration ein so idealistisches Bild von Deutschland verfolgte, dass die Enttäuschung kommen *musste*. Sie bestätigt, dass in Polen, wenn es um Transmigration geht, fast ausschließlich die positiven Seiten zur Sprache kommen:

»In Wahrheit war es am Anfang aber ein Albtraum für mich. Ich war Gärtnerin, Putzfrau, Kindermädchen – einfach Sklavin. Das war eine schlimme Zeit, ich war auch noch jung und wusste vieles nicht. [...] Was man in Polen über Deutschland hört, ist immer, dass es besser sein muss, weil doch so viele Polen hierher kommen und es schaffen, zurechtzukommen. Das motiviert. Na ja, wenn ich jetzt nach Polen fahre, erzähle ich ja selbst eher die guten Seiten, weil man das Schlechte eher vergisst oder vergessen will, oder weil man kein Mitleid wünscht, sondern Bewunderung und Neid ernten möchte. Man schämt sich, wenn man schon Polen verlässt und gegen Deutschland eintauscht, wenn man es dann doch nicht schafft. Man will auch keinem Sorgen bereiten – deshalb kommt Deutschland in Polen meistens gut weg.«

Zudem sei also die große Zahl derjenigen, die es »schaffen«, ein Ansporn dafür gewesen, das Glück in Deutschland zu suchen. Aber es brauchte erst die Phase größerer Unzufriedenheit, bevor N. erkennen konnte, welche Optionen sie wählen muss und gegen was sie sich wehren soll, um ihren Zielen näher zu kommen. Was sie damit sagen will, ist, dass die Selbstreflexion, die sich erst basierend auf einer bestimmten Menge an Eigenerfahrungen einstellen kann, den Ausschlag für die Erkenntnis darüber gibt, welche Chancen die Transmigration bietet, und wie man diese Chancen ergreifen kann:

> »Am Anfang zum Beispiel, nachdem ich die ersten Probleme gelöst habe und eine Bleibe hatte, war die Faszination groß. Ich habe mich gefreut, dass ich hier bleiben kann. Jetzt sehe ich es realistischer. Ich mache mir schon Gedanken darüber, wie es weiter geht. Vorher war ich nur begeistert. Wenn man die Sache nüchterner betrachtet, sieht man, dass Deutschland gute, aber auch schlechte Seiten hat. Jedenfalls bekommt man schon Chancen geboten, die man nutzen sollte.«

Vorher-Nachher-Erfahrungen ähnlicher Art hat auch Frau M. gemacht. Im Gegensatz zu vorher gehegten Annahmen erschien ihr der Aufenthalt in Deutschland zunächst als negatives Erlebnis. Das hängt allerdings stark damit zusammen, dass sie einen »illegalen« Aufenthaltsstatus hat – eine Tatsache, deren Tragweite ihr im Vorfeld nicht bewusst war. Hinzu kamen weitere Probleme, etwa Schwierigkeiten, eine Arbeit zu finden, obwohl dies in Polen als Leichtigkeit in Aussicht gestellt worden war, usw. Nach den ersten Monaten empfand M. Transmigration nicht als Chance, sondern als eine Bürde, die man entweder bewältigen kann oder unter der man leidet. Das ist in gewisser Hinsicht nicht falsch, hinzu kommt aber, was M. heute betont: Dass es an einem selbst liegt, was man aus der Situation macht. Mittlerweile lebt sie schon weit länger überwiegend in Deutschland, als es geplant war, weil sie sich arrangieren konnte, Kompromisse machte, aber auch lernte, Problemen aus dem Weg zu gehen. Wer sich diese Strategie einimpfen kann, so M., der kann die Transmigration durchaus als große Chance erfahren:

»Die Gleichzeitigkeit in Polen und Deutschland, das muss man pragmatisch se-
hen bzw. sehen lernen. Keines der beiden Länder bietet das Gleiche, beide haben
Vor- und Nachteile, und das ist auch gut so. Man sollte nicht Polen in Deutsch-
land suchen, und umgekehrt. Wer das ständig tut, macht sich nur unglücklich.
Es hängt wirklich von den Menschen ab und von der persönlichen Sichtweise.
Wenn man die Gewohnheiten und die Mentalität eines anderen Landes kennen-
lernt, weiß man, was gut und was schlecht für einen ist. Man muss auch nicht
immer allein bleiben, wie am Anfang des Aufenthalts, wenn man sich bemüht.
Man muss das Leben aktiv meistern und nicht ständig daran denken, dass
Deutschland etwas Fremdes und Polen die Heimat ist.«

b) Übergangsphase

Dass alle befragten Transmigranten und die Experten Auskünfte zur
Übergangsphase gaben, überrascht nicht: Diese Phase ist der markantes-
te Teil der Übersiedelung in ein anderes Land, während sich die Veränderungen, die die Psyche der Betroffenen betreffen, naturgemäß von außen nicht rekonstruieren lassen und teilweise für die Betroffenen selbst
diffus und ungewiss sind. Nicht so der Übergang von Polen nach
Deutschland: Hier stellen sich wie von selbst Vergleichsprozesse ein. Der
Übergang lässt sich zwar klar an einem Datum festmachen und mit bestimmten Orten verknüpfen, ist tatsächlich aber ein andauernder Prozess, eine »langfristige[], subtile Veränderung[] der Persönlichkeit als
Folge der Auseinandersetzung mit einer fremden Kultur«[36].

Frau S. ist die diejenige der Befragten, für die der Übergang am rei-
bungslosesten ablief: Da sie schon mehrfach andere Länder besucht hatte, fiel es ihr nicht schwer, sich ad hoc in einer fremden Umgebung zu-
rechtzufinden. Entscheidend für das geringe Gewicht, dass sie auf die
Übergangsphase legt, ist aber vor allem ihr sicheres Wissen, dass die
Bande nach Polen alles andere als abgebrochen sind – im Gegenteil, die
ständige Verbindung zu ihrer Familie macht es ihr leicht, den Übergang
nur als eine vorläufige Station zu betrachten:

---

[36] Moosmüller 2000, S. 282.

»Ich war schon mehrmals im Ausland, deswegen war die Situation nicht ganz neu für mich, und ich denke nicht, dass ich mich irgendwie an Deutschland gewöhnen musste. Es ist ja auch ähnlich wie in Polen, ich fühle mich hier auch nicht alleine, weil ich jederzeit nach Polen fahren kann, ich sehe oft meinen Mann und meine Söhne, deswegen ist das nicht schlimm, dass man etwas weiter von zuhause arbeitet. Ich habe auch die Sicherheit, dass ich später nach Polen zurückkehren und dort auch leben möchte, deswegen ist da keine Zerrissenheit für mich.«

Das genaue Gegenteil berichtet Frau N. – sie spricht sogar von einem »Kulturschock«, der allerdings weniger auf die Transmigration als solche zurückzuführen ist – auf die hatte sie sich ja vorbereitet und sich über sie informiert –, als auf die Tatsache, dass mit dem Übergang nach Deutschland ein *anderes Leben* beginnt. Dass die kulturellen Unterschiede doch größer als erwartet sind und dass mehr Aufwand in dieses andere Leben investiert werden muss, hat N. zunächst überwältigt. Sicher stecken dahinter, auch wenn dies nicht offen ausgesprochen wurde, die persönlichen Probleme, vor allem die unsichere Situation, in der N. zu Beginn steckte: Ohne festen Wohnsitz wohnte sie mal da und mal dort, sozusagen von einem Tag auf den anderen, und die Stabilität, die ihr in Polen Ordnung gegeben hat, war mit einem Mal nicht mehr vorhanden. Noch heute zeigt sich diese Unsicherheit, was – wie das folgende Zitat deutlich macht – durchaus damit zu tun hat, dass sie sich »als Polin« in Deutschland nicht vollständig integriert fühlt:

»Ich habe schon so was wie einen Kulturschock erlebt. Es lag aber nicht daran, dass Deutschland und Polen so unterschiedlich sind, sondern dass sich mein Leben hier im Vergleich zu dem in Polen so radikal verändert hat. Alles war viel schwieriger, und ich hatte viele Pflichten. Das war so ein Einschnitt in meine Sicherheit. Immer, wenn ich damals aus Polen zurückkam, hatte ich das Gefühl, dass ich in mein selbst gewähltes Gefängnis zurückkomme. Das erforderte Kraft und Gewöhnung. Meine Erwartungen, die ich noch in Polen hatte, dass alles leichter sein wird, wurden natürlich mit einem Schlag enttäuscht. Ich habe mir auch nicht irgendwelche Gedanken darüber gemacht, was hier anders als in Polen ist, kulturell gesehen. Das kam erst später, als ich eine Arbeit und eine sichere Wohnung hatte, da habe ich angefangen, das Leben hier zu mögen und es realistischer zu sehen. Ich muss aber sagen, dass ich mich hier immer noch seltsam

fühle, wenn ich polnisch spreche und seltsame Blicke oder sogar feindliche Äuße-
rungen erfahre.«

Dass der Übergang von Polen nach Deutschland im Allgemeinen überwiegend ein *Prozess* ist, der entsprechend phasenweise abläuft, wurde
oben bereits dargestellt. Die empirische Bestätigung liefert die Aussage
von Frau O. Für sie war die Übergangsphase eine länger anhaltende, die
sich gleichzeitig fast unmerklich abspielte. Interessanterweise empfindet
sie selbst die regelmäßige Rückkehr nach Polen bzw. die sich daran an-
schließende Reise nach Deutschland ebenfalls als einen Übergang, wenn
auch in einem kleineren Rahmen:

> *»Ich weiß nicht, ob ich so Gewöhnungsphasen erlebt habe. Es war eher etwas,*
> *was langsam und flüssig vor sich ging, so dass man es nicht bemerkte. In Polen*
> *konnte ich mir erstmal weder einen Umzug noch die neue Arbeit vorstellen und*
> *sah nur die Zeit des Alleinseins vor mir. Es war aber alles für mich arrangiert,*
> *als ich hier ankam, und letztendlich nicht so schrecklich. Natürlich, man muss*
> *sich an die neuen Menschen gewöhnen und an den Alltag, der anders struktu-*
> *riert ist als in Polen. Am schwierigsten ist wohl die Trennung von der Familie,*
> *die man am Anfang verarbeiten muss. Ich habe auch nicht diese Euphorie erlebt,*
> *die man normalerweise hat, wenn man in einem fremden Land ist. Ich war nicht*
> *begeistert, und ich fühle mich auch weiterhin etwas fremd, was aber mit der Um-*
> *gebung zu tun hat, die ich hier nicht habe. Das war alles ein schleichender Pro-*
> *zess, bis der Übergang da war. Trotzdem spüre ich das auch jetzt noch jedes Mal*
> *ein wenig, wenn ich von Deutschland nach Polen und wieder zurück fahre.«*

Diesen Prozesscharakter unterstreicht von der Expertenseite her der
Journalist T., der den allmählichen Übergang vor langer Zeit am eigenen
Leib erfahren hat und ihn für die gegenwärtige Situation polnischer
Transmigranten als den »Normalzustand« hält:

> *»Ich denke, wenn Transmigranten heute aus Polen kommen, sind sie erstmal in*
> *einer Orientierungsphase. Da entdecken sie die neuen Dinge, die sie bisher nicht*
> *kannten, und setzen die in eine Beziehung mit ihren eigenen Erwartungen. Der*
> *Übergang ist also nicht so abrupt. Mit der Zeit gewöhnt man sich an Deutsch-*
> *land und kann sein Leben genauso gut organisieren wie in Polen. Irgendwann*
> *gibt es vielleicht im Kopf gar keinen Unterschied mehr. Ich denke, dass Trans-*
> *migration im Idealfall so abläuft.«*

Auch Frau L. hat an sich selbst einen schleichenden Übergang bemerkt, was insofern erstaunlich ist, als sich ihr Leben in Deutschland - als »Begleitperson« – von allen Befragten am radikalsten von dem Alltag unterscheidet, den sie in Polen lebt. Das liegt zum einen daran, dass sie sich zunächst als »Gast« fühlte, der keinen unmittelbaren Übergang durchlebt, weil der »Rückgang« ja sicher kommen wird. Doch selbst Jahre später, nachdem sie sich mit ihrem Dasein als Transmigrantin arrangiert hat, lebt L. so sehr »in den Tag hinein«, dass sie gewisse Schwierigkeiten, die in der Transmigration stecken, einfach aus der jeweiligen Situation heraus bewältigt – also erst dann, wenn die Probleme akut werden. Daher ist es kein Wunder, dass sie unterstreicht, wie unmerklich der Übergang vom »polnischen« ins »deutsche Leben« verlief: Da sie diesen Übergang vorwiegend an konkreten Einzelheiten festmacht, hat es eine Weile gedauert, bis die Übergangsphase vorläufig abgeschlossen war; und selbst die Situationen, in die sie noch heute gerät, weil sie Polin bzw. Transmigrantin ist, lassen sich also als Bestandteile des Übergangs verstehen:

»Die ersten Monate hier war ich eher ein Gast, ich habe nichts bewertet, nur alles auf mich zukommen lassen. Ich akzeptierte die Sachen so, wie sie sind. Erst später, als das Leben hier zu einer Alltäglichkeit wurde, habe ich angefangen, zu beobachten, zu bewerten, aber das hängt immer von der Situation ab. Ich warte da immer erst ab, was sich ergibt. [...] Meine Situation erfordert eine Gewöhnung. Es sind neue Erfahrungen, die ich in Deutschland mache. Hier – das ist für mich etwas Zeitgebundenes, das Eigentliche bleibt in Polen. Früher hatte ich manchmal so was wie schlechtes Gewissen, was mich daran hinderte, das Leben hier mit Freude und Vergnügen zu erleben. Bevor ich hier gekommen bin, habe ich mir auch nur ganz oberflächlich die Frage beantwortet, wie mein Leben in Deutschland aussehen wird. Ich habe es nicht bis in die Tiefe mit allen Konsequenzen bedacht. Das war mir nicht klar. Weil aber die Umstände bis jetzt möglich gemacht haben, einen Kompromiss zu schließen, betrachte ich es als persönliche Entwicklung, dass man eben nicht alles ganz durchdenken muss. Das ist mir aber auch erst später klar geworden. [...] Wenn man wie ich sein Leben ganz alleine regelt, wird man viel mit sich selbst konfrontiert, viel mehr als in Polen. Hier habe ich etwas für mich, wofür ich alleine verantwortlich bin, und deshalb kann ich das auch so gestalten und angehen, wie ich will.«

Auf die pragmatischen Probleme, die der Übergang mit sich bringt, ging Frau K. ein. Für sie ist diese Hürde vor allem eine sprachliche und organisatorische. Die Transmigranten müssen lernen, sich mit der neuen Welt zu arrangieren, und werden dabei in das »kalte Wasser« geworfen. Das hat Vor- und Nachteile. K. betont stärker die Nachteile und geht dabei vom Bild einer jungen Polin aus, die nach Deutschland kommen möchte: Für sie wird, so glaubt K., der Übergang alles andere als einfach sein. Ob es sich um einen schleichenden Prozess handelt, hängt allerdings vom Einzelnen ab:

> *Es ist sicher schwer allgemein zu sagen, wie das abläuft mit der Integration in Deutschland, und ob das überhaupt klappt. Wenn eine junge Polin hierher kommt, wird sie ja erstmal überwältigt mit den Anforderungen, die sich ihr stellen. Sie hat auch mehr Möglichkeiten, aber im Vordergrund stehen erstmal die negativen Aspekte. Und das muss sie erstmal alles abarbeiten. Ich denke, der Übergang wird sehr schwierig sein vom Leben innerhalb einer Familie und eines vertrauten Umfeldes zum Leben auf sich selbst gestellt. Da fehlt eben oft einfach die Zeit, sich umzustellen.*«

Auch Herr R., der Einzelhändler, bezieht sich auf die unmittelbaren Schwierigkeiten, also auf Wohnungssuche, Sprachbarrieren, Kulturunterschiede. Herr J. bestätigt dies und verweist darauf, dass, sobald einmal diese ersten Schwierigkeiten überwunden sind, der Übergang auch im *mentalen* Bereich vollzogen werden kann. Die Klärung der direkten, materiellen Probleme sei also die Basis für die Auseinandersetzung mit den psychologischen Faktoren, die beim Übergang von Polen nach Deutschland auftreten:

> *Erst wenn man eine Wohnung und eine Arbeit hat, kommt man raus aus dieser Unsicherheit. Viele schaffen den Übergang nicht, sie sind dann hier in Deutschland, aber sie verzweifeln und geben auf ... und enden dann vielleicht auf der Straße. Es bringt ja nichts, sich Gedanken zu machen, wenn man es nicht auch wirklich schafft, Ordnung für sein Leben zu finden. Ich sehe an den Polen, die mir in der Gemeinde begegnen, dass diejenigen, die sich anstrengen, erstmal eine stabile Grundlage haben und sich dann damit auseinandersetzen, was die Unterschiede sind, mit denen sie jetzt leben müssen. Aber die, die soweit nicht kommen, die denken über so etwas gar nicht nach.*«

Unter den Transmigrantinnen ist es vor allem Frau M., die auf die pragmatischen Seiten und Probleme des Übergangs eingeht. Es liegt für alle Transmigranten nahe, dass der Übergang vor allem im Abschiednehmen von Freunden und Familie besteht; zwar kein Abschied für immer, aber doch eine Trennung auf große Entfernung und für einen längeren Zeitraum. Zur Lebensorganisation gehört der Aufbau einer wiederkehrenden Struktur, was auch für Deutschland gilt – eine Tatsache, mit der sich M. bisher schwer tut:

> »Was mir am Anfang wirklich gefehlt hat, das sind die Freunde, Bekannten, mit denen ich ausgehen konnte. Ich hatte eine Zeit, wo ich mich richtig einsam gefühlt habe, keine neuen Jobs finden konnte und nur frustriert zu Hause saß. Vielleicht ist das erstmal das Schwierigste – das man sein Leben neu organisieren muss, auch die Sprache lernen muss. Man darf sich aber davon nicht lähmen lassen. In Polen war immer klar, wie man den Tag verbringt. Hier ist das anders. Und obwohl ich schon lange in Deutschland bin, fühle ich mich auch irgendwie fremd, auch wegen der Sprache. Nur man denkt normalerweise nicht darüber nach, weil es schmerzhaft ist. Es ist aber immer etwas anderes, wenn man eine Sache von heute aus betrachtet, wenn einem dann die Fehler und falschen Entscheidungen klar werden und man weiß, was man anders machen würde.«

Frau M. war also anfangs in der Situation, dass sie nicht recht wusste, wie sie mit der neu gewonnenen Freiheit umgehen sollte. Obwohl Deutschland gerade wegen seiner Freiheiten und Möglichkeiten als positives Ziel gilt, ist es also nicht selbstverständlich, dass diese Freiheiten auch unmittelbar ausgelebt werden können. Vor allem ist dieses Ausleben von Freiheit kein automatischer Vorgang, sondern an die konkreten Möglichkeiten gebunden, die zur Verfügung stehen. So sieht es Frau G. – für sie war Deutschland deshalb eine »Rettung«, weil sie in diesem Übergangsschritt Polen hinter sich lassen und etwas Neues beginnen konnte – ein Leben, dass in dieser Form (und mit diesen Einkünften) in Polen sicher nicht möglich gewesen wäre. Deshalb ist für sie der Übergang nach Deutschland der Zugang zu mehr Handlungsautonomie jenseits bestimmter Moralvorstellungen und Stigmatisierungen, die sie in Polen gestört haben:

»In Polen war das ganz anders, da wusste ich, was von mir erwartet wird und wie ich nicht sein soll. Hier in Deutschland sagt keiner, sei so oder so, und ich kann mich ausleben und das tun, was ich selbst für richtig halte. Als ich nach Deutschland gekommen bin, habe ich das gleich gemerkt: Das Leben ist jetzt anders. Und diese Freiheit versuche ich auch auszuleben. Wenn ich zurück in Polen bin, ist es wieder anders. Aber ich merke an mir selbst, dass das Leben in Deutschland für mich besser ist. Ich habe mich daran gewöhnt. Das hat eine Weile gedauert, aber jetzt will ich mich nicht mehr davon trennen.«

c) Deutschlandbild

Die Bewertung Deutschlands als Transmigrationsland ist ebenfalls nicht einheitlich. Wie sich in den Interviews gezeigt hat, haben einige der Befragten den Vergleich zwischen Polen und Deutschland gezogen, während andere daran festhielten, beide Länder voneinander zu trennen, weil internationale Vergleiche immer etwas Ungenaues haben: Was für Polen gilt, gilt nicht automatisch auch für Deutschland, und vice versa. Besonders wohlwollend äußerte sich Frau M. Für sie bildet der *Lebensstandard* ein wesentliches Kriterium. Auch in Polen sei ein Leben auf einem vergleichsweise hohen Niveau möglich, ein Niveau, das aber zwangsläufig gerade einmal den durchschnittlichen Lebensstandard in Deutschland darstellte. Ihre konkreten Erfahrungen mit Deutschland sind an Begegnungen mit Personen geknüpft:

»Ich habe viele erschreckende Geschichten gehört, die ich aber nicht bestätigen kann, weil ich sozusagen nur ›gute Deutsche‹ getroffen habe. Mit denen, die ich näher kennengelernt habe, bin ich gut befreundet. Sie vertrauen mir. Die Deutschen sind manchmal natürlich anstrengend, sie haben so einen Hang zur Perfektion, aber man gewöhnt sich daran. Was ich sehr positiv finde, ist, dass hier viel Wert auf Ausbildung und Berufstätigkeit gelegt wird. Das ist wichtig, und daran erlangt man Freiheit. Das ist mir erst spät klar geworden – in Polen wird man anders erzogen. Ich würde das gerne bei meinen Kindern verbinden wollen, ich will, dass sie beides schätzen lernen: Familie und Beruf, nicht nur eins von beiden.«

Das große Gewicht, das in Polen auf die Familie gelegt wird, verhindert in der Tat das Wahrnehmen bestimmter Chancen, die sich ansonsten bieten würden. Umgekehrt ist für Frau M. ein rein karriereorientiertes Leben keine Alternative. Allerdings hat sie in Deutschland die Chance (bzw. es besteht die Notwendigkeit), einen dritten Weg zu gehen. Was ihre Äußerungen über deutsche Mitbürger betrifft, so liegt es allerdings nahe, von einer selektiven Wahrnehmung zu sprechen: Sie urteilt zwangsläufig nur über jene Deutschen, die sie nicht ganz zufällig, sondern beispielsweise im Berufsalltag kennengelernt hat.

Vergleichsweise positiv wird Deutschland auch in dem Interview mit Frau G. dargestellt. Obwohl sie als Prostituierte alltäglich mit den Schattenseiten der Gesellschaft konfrontiert ist, bildet Deutschland für sie eine echte Alternative zu Polen – aber wiederum primär aufgrund eines Vergleichs, den sie zwischen den Ländern zieht:

> »Mir gefällt es in Deutschland, weil ich hier eine Arbeit habe. In Polen gab es das nicht, und mit einem unehelichen Kind kann man dort nicht so einfach leben. Dort funktioniert das Leben anders. Hier sage ich mir, wenn du soundsoviel Geld verdient hast, kannst du dir spontan etwas kaufen oder es auch sparen. Ich bin in meiner Entscheidung ganz frei. Das mag ich an Deutschland, und deswegen bin ich gerne hier. Für die Deutschen ist so ein Leben selbstverständlich. Es ist also nicht nur das Geld, es geht vor allem darum, dass ich tun und lassen kann, was ich will.«

Das klingt überaus positiv, nicht erwähnt wird jedoch, welchen Preis Frau G. für diese Freiheit andererseits zahlen muss. Es ist zu bezweifeln, dass ihre berufliche Tätigkeit diesen Freiheitszuwachs nicht behindert. Darüber wollte sie sich allerdings nicht äußern, wohl um nicht zugeben zu müssen, dass mit den größeren Möglichkeiten teilweise eben auch schwerere Anforderungen kommen. Ihr Selbstbild, dass es ihr in Deutschland wesentlich besser gehe, basiert also auf dem Wunsch, *in allen Belangen* besser dazustehen als zuvor. Es ist ihr offenbar wichtig, sich ihr Leben als ständigen Fortschritt zum Besseren vorzustellen.

Das direkte Gegenbild dazu bilden die Eindrücke, die ihre »Kollegin« Frau L. von Deutschland hat. Bei ihr ist offensichtlich, dass große Erwartungen auf eine ernüchternde Realität gestoßen sind. Auch das Klischee (das in vielen Interviews zur Sprache kam), dass Deutschland von Ord-nungsliebhabern bevölkert sei, greift L. auf, um sich davon abzugrenzen. Andererseits muss auch sie zugeben, dass bestimmte Güter, z.B. die Emanzipation, in Deutschland ein Level erreicht haben, das sie aus Polen nicht kennt. Somit ist ihre Perspektive auf Deutschland eher ambivalent:

>*Was ich nicht verstehen kann, ist dieser Mangel an Spontaneität und Offenheit. Man erwartet, dass Menschen sich an Verabredungen halten; in Polen gibt es da schon mehr Freiheit. Das wird dort als normal angesehen, wenn man sich anders entscheidet, keiner erwartet, dass man das unbedingt einhält. Hier ist alles gere-gelt, die Menschen glauben zu stark an Vorschriften und Hierarchien. Das Leben wird hier wirklich bestimmt durch diesen einen Satz, Ordnung muss sein. [...] Aber die Frauen, ich weiß, dass sie hier wirklich emanzipiert sind. In Polen ist es selbstverständlich, dass die Frau den Haushalt macht, während der Mann arbei-tet und abends bedient wird. So gesehen gibt es hier doch viel mehr Freiheit.*«

Was Frau L. zu übersehen scheint, ist die Tatsache, dass eine *vollkommene* Freiheit illusorisch ist. Deutschland ist ja gerade nicht das Land, wo es nur um Selbstentfaltung der Persönlichkeit geht. Für das, was man ha-ben will, muss man etwas leisten. Dass es so läuft, dafür steht sie ja selbst ein: Sie arbeitet als Prostituierte, ein Beruf, der in Polen das gesellschaft-liche Aus bedeutet und in Deutschland kaum besser angesehen ist, aber weniger stark gesellschaftlich sanktioniert wird. Klar ist, dass als Prosti-tuierte nur jemand arbeitet, der Geld braucht. Auf diesem Weg nimmt sich Frau L. selbst einiges von ihrer Freiheit, obwohl sie gewiss glaubt, dass die Stelle ihr mehr Freiheit ermöglicht.

Den Aspekt Emanzipation betrachtet Frau O. erstaunlicherweise ganz anders. Auch sie hat ein Bild vom »typischen Deutschland«, bzw. ihr Bild ist, dass es dies eigentlich nicht gibt. Aber das ist schon ein Spezifi-kum: Deutsche sind eben von Deutschland geprägt und daher so, wie sie sind, weil sie hier leben, und für Polen gilt umgekehrt das Gleiche. Wenn sich diese Welten überschneiden, dann eben deshalb, weil es Notwen-digkeiten gibt; in ihrem Fall ist dafür das Geld entscheidend. Sie bedau-ert, keine tieferen gesellschaftlichen Einsichten machen zu können:

»Ich bekomme ja leider nicht so viel mit. Ich verbringe den größten Teil des Tages mit meiner Arbeit, deshalb bin ich vielleicht nicht die Richtige, um etwas zur deutschen Kultur oder auch nur zu Deutschland im Allgemeinen zu sagen. Aus meiner Erfahrung heraus würde ich aber spontan sagen, dass den Deutschen die Familie egal zu sein scheint. [...] Für was lebt man denn auf der Welt, nur für sich selbst? Ich denke, die ganze Familie geht kaputt, wenn alle so egoistisch denken. Ich glaube, so wird man einsam und innerlich krank. Da bringt es auch nichts, wenn man offiziell emanzipiert ist. Ich denke, als Frau hat man eine gewisse Aufgabe, und man muss da Frau bleiben. Emanzipation ist da bestimmt kein Fortschritt, würde ich sagen.«

Für Frau O. ist ausgemacht, dass das Leben einen bestimmten Zweck haben muss, den sie in der Familie sieht. Das ist insofern verständlich, als die Familie sozusagen die »Natur« des Menschen ist, sobald er zur Welt kommt. Dementsprechend weit oben rangiert die Familie in der polnischen Kultur. Das moderne Bild von Individuen, die ihr Leben selbst in die Hand nehmen und deshalb radikal eigenverantwortlich sind, lehnt sie ab: So zerbricht diese »Natur« des Menschen wieder. Allerdings ist sie als Transmigrantin ständig mit dieser anderen Weltsicht konfrontiert, die ihr nicht zusagt. Vielleicht hat sie sich deshalb freiwillig entschieden, nur wenig an der deutschen Kultur teilzunehmen.

Die Äußerungen von Frau O. finden bei dem Priester ein Echo. Auch er bezieht sich auf das Gefälle zwischen dem polnischen und dem deutschen Familienbild, indem er wesentliche Probleme sieht:

»Die Deutschen haben gelernt, anders zu leben als die Polen. Die Deutschen leben für sich selbst, nicht zusammen. Für Polen ist klar, an Feiertagen ist man immer zusammen, man geht in die Kirche und verbringt viel Zeit zusammen. So ist es auch bei Veranstaltungen. Es ist selbstverständlich, dass die Menschen miteinander leben und nicht aneinander vorbei. Das ist eine ganz andere Stimmung.«

Die Lehrerin, Frau K., greift diesen Gedanken ebenfalls auf. Sie ist allerdings der Ansicht, dass auch Polen in Deutschland anfangen, den westlichen Lebensstil zu imitieren – d.h., auch sie beginnen, hier eher unabhängig von der familiären Bindung ihren Alltag zu gestalten. Diese Unabhängigkeit hat mit einem Karrieredenken zu tun, das Frau K. für ein problematisches Symptom hält. Dadurch, dass die Menschen zuerst nach einem persönlichen Vorteil streben, übergehen sie viele andere wichtige Aspekte des Lebens:

»Die Deutschen wundern sich z.B., dass man sozial arbeitet, also ohne Bezahlung. Für sie ist das etwas Ungewöhnliches, sich ohne Geld zu engagieren. Polen sind da ein wenig anders, denke ich. Ohne ein Interesse etwas zu tun, ist in Deutschland eine Besonderheit. Das hat wohl auch damit zu tun, dass die Menschen sich auch in den Familien nicht mehr so sehr füreinander engagieren. Da fehlt Wärme und Selbstverständlichkeit. [...] Aber die Polen können von den Deutschen auch etwas lernen: Sich für andere zu öffnen. Polen sind oft stolz auf ihr Land, sie haben das im Kopf, sie werten andere ab. Aber hier in Deutschland gibt es so viele Ausländer, da kann man das nicht durchhalten, da muss man toleranter sein. [...] In der Schule stört mich, dass auf die Persönlichkeit eines Kindes kein Wert gelegt wird. Die Kinder sind nicht diszipliniert. Der Respekt vor den Erwachsenen fehlt.«

Eher negativ äußert sich Frau S. Ihrer Ansicht nach bestimmen vor allem Vorurteile das gegenseitige Miteinander von »Einheimischen« und (Trans-)Migranten. Es scheint, als würde sie dabei persönliche Erfahrungen verallgemeinern, was man ihr nicht einmal vorwerfen kann – welche andere Informationsquelle sollte sie auch auswerten, wenn nicht die eigene Erfahrung?

»Man wird in Deutschland zuerst immer als die Polin angesehen. Auch wenn man sich nicht anders verhält, nicht schlechter arbeitet usw. wird man von den Deutschen geringer eingeschätzt oder gar nicht beachtet. Oft musste ich schon hören, dass ich den Mund halten soll, also wenigstens sinngemäß. Für manche Deutschen macht man als Polin automatisch alles falsch, und deshalb ist da erstmal ein Misstrauen im Raum. [...] Ich muss sagen, als ich hier in einer kleineren Stadt gelebt habe, war es am schlimmsten. Die Leute haben schon irgendwie reagiert, wenn sie mich nur polnisch reden gehört haben. In einer großen Stadt wie Frankfurt gibt es zum Glück nicht solche Unterschiede, weil es hier so viele Ausländer gibt. Da ist man wirklich freier. [...] Was außerdem sehr deutsch ist, ist die alltägliche Höflichkeit, das passt eigentlich gar nicht zu dem, was ich sonst so erlebt habe.«

Es gibt in der Tat sozialwissenschaftliche Hinweise darauf, dass polnische Transmigranten »hochgradig selektiv, verzerrend und verallgemeiner[nd] auf der Grundlage einzelner sozialer Phänomene« wirken, wenn es um die Darstellung von Polen geht[37]. Die Aussage Frau S.s bestätigt, dass sich aus dieser Darstellungsform einer Minderheit reale Konsequenzen ergeben: Sie selbst hat diese Negativkonsequenzen durchlebt und führt sie ganz klar einzig und allein auf ihre »fremde« Nationalität zurück.

Etwas Ähnliches äußert Herr R. Seiner Ansicht nach besteht in Deutschland die Tendenz, auf andere Volksgruppen »herabzuschauen«. Für ihn verbirgt sich hinter dieser Arroganz, der er ebenfalls schon öfter begegnet sei, ein seltsamer Stolz auf den eigenen Wohlstand und sozialen Status, an dem andere eben nicht teilhaben und vielleicht gar nicht teilhaben sollen. Gleichzeitig, so R., spielt aber auch Neid eine Rolle. Es ist erstaunlich, dass er einiges von dem, was Frau K. den Polen zuschreibt, jetzt auf die Deutschen bezieht. Seine Erfahrungen mit Deutschland sind ebenfalls vergleichsweise negativ:

»Die Deutschen haben Probleme damit, etwas zu erklären, z.B. wie man etwas ausspricht. Spricht man nur gebrochen deutsch, wird man nicht ernst genommen. Es passiert sogar, dass sie Dinge im ›Ausländerdeutsch‹ erklären, aber das ist keine Hilfe, sondern eher eine Beleidigung. Nur weil man mit Akzent spricht, heißt das doch noch nicht, dass man nichts versteht! Die Deutschen wollen Perfektion haben, auch wenn sich Ausländer mit ihnen auseinandersetzen. Die sollen sich dann auch um Perfektion bemühen. In Polen ist das ganz anders, die Menschen sind geduldiger und weniger arrogant. [...] Es gibt auch viele positive Ausnahmen, das stimmt, aber wenn es um die durchschnittlichen Erfahrungen eines Polen in Deutschland geht, kommen meine Behauptungen hin.«

Im Zuge der Transmigrationsbewegungen seit den 90er Jahren hat sich allerdings, wie R. einräumt, vieles verändert. Die Unterschiede zwischen beiden Nationen sind allmählich eingedämmt worden. Dass ein wirtschaftliches Gefälle natürlich trotzdem noch vorhanden ist und dass dieses Gefälle zu bestimmten Missverhältnissen führt, hängt laut R. mit den

---

[37] Vgl. Klaus Eder, Valentin Rauer & Oliver Schmidtke: *Die Einhegung des Anderen. Türkische, polnische und russlanddeutsche Einwanderer in Deutschland*, Wiesbaden 2004, S. 149.

Vorurteilen zusammen, die auch heute noch über Polen existieren, obwohl diese Vorurteile höchstens vor längerer Zeit mal einen wahren Kern gehabt hätten:

>*Jetzt hat sich vieles verändert. Früher war alles einfacher. Einen großen Unterschied zwischen Polen und Deutschland kann man nicht mehr finden. In Polen waren die Probleme früher massiv, es war eine andere Welt. Da war Deutschland wirklich das Paradies, wenn man es vergleicht. [...] Und heute gibt es weiterhin Polen, die hier Geld verdienen werden, weil sie zuhause arm sind. Die Deutschen sind aber oft dagegen. Andererseits haben sie selbst Vorteile, z.B. durch polnische Schwarzarbeiter. Ich kenne Leute, die für hohe Persönlichkeiten hier in Frankfurt illegal gearbeitet haben. Umgekehrt gibt es auch Arbeitgeber, die einen Polen deshalb nicht einstellen, weil er ein Pole ist.*<*

Frau N. hat sich bezüglich der Frage nach ihrem Deutschlandbild mit der interessanten Überlegung beschäftigt, ob es eine spezifisch deutsche oder polnische *Denkweise* gibt. Dabei grenzt sie die – ihrer Ansicht nach – negativen Qualitäten »der« Deutschen gegen die polnische Transmigrationsmentalität ab:

>*Die polnische Denkweise gegenüber Deutschland war immer die, hierher zu kommen, um Geld zu verdienen, das man in Polen ausgeben kann. Wenn es einem schlecht geht und es keine anderen Alternativen gibt, muss man eben etwas tun – und das heißt für Polen eben, nach Deutschland oder auch anderswohin zu gehen. [...] Die Deutschen tun so etwas nicht. Polen sind in dieser Hinsicht vielleicht mutiger, aktiver und mobiler. Die Deutschen haben ihre Vorschriften, an die sie sich starr halten. Das kann man in Behörden beobachten. [...] Die Polen denken eher an sich selbst, anstatt an die Vorschriften. Sie suchen ihre Chancen selbst, auch wenn sie dabei gegen die Vorschriften handeln müssen.*<*

Diese vielleicht nicht vollständig negativen, aber sicher auch nicht schmeichelhaften Beobachtungen sind natürlich sehr pauschal, weil N. einzelne Beobachtungen mit kursierenden Allgemeinplätzen mischt und zur gesellschaftlichen Realität »der« Deutschen umdeutet. Dagegen gibt es aber auch – nicht weniger allgemeingültige – positive Aspekte, die N., wie schon andere Interviewte, im Bereich der Gleichberechtigung sieht. Es überrascht nicht, dass insbesondere Frauen diesen Aspekt wertschätzen, während er in den Aussagen männlicher Befragter gar nicht oder nur negativ belastet erwähnt wird. N. hingegen ist der Ansicht:

»*Was mir an deutschen Frauen gefällt, ist die Tatsache, dass sie Stärke und Selbstsicherheit aus der Berufsarbeit ziehen. Wenn du in Polen verheiratet bist, einen Mann hast, eine gute Mutter sein willst, dann ist da automatisch eine höhere Belastung. Wenn es dann mit der Ehe nicht klappt, fühlen sich die Frauen unglücklich. Das bestimmt das Leben dort, auch wenn es zum Beispiel im Beruf gut funktioniert. In Deutschland gibt es mehr Freiheit in der Ehe, deshalb will ich auch am liebsten einen Deutschen heiraten. Die Männer denken hier anders und erwarten auch etwas anderes. [...] Als Frau in Polen kann man nicht das machen, wozu man Lust hat; in Deutschland ist das ganz anders.*«

Auf ganz Aspekte geht der Journalist, Herr T., ein. Seine Betrachtung Deutschlands bezieht sich vorwiegend auf den ökonomischen Aspekt, aus dem sich die gesellschaftlichen Details ableiten lassen. Dabei kommt er auch auf gewisse Klischeevorstellungen zu sprechen. Dass diese Klischees immer wieder auftauchen, hängt wohl damit zusammen, dass sie helfen, eine Nation als solche halbwegs zu überblicken. Die Realität ist viel zu kompliziert, als dass man ihr in einzelnen Aussagen nahe kommen könnte; Allgemeinplätze, die ein Körnchen Wahrheit beinhalten, nehmen einem diese Last ab. T. äußerte im Gespräch:

»*Deutschland ist immer noch ein Hochlohnland, wenn auch weniger als früher. Die Arbeit hat hier einen hohen Stellenwert. Die ›deutsche Präzision‹ ist ja bekannt, das ist etwas sehr Positives. Alles läuft nach Plan, und das gilt auch für die Freizeit. Vielleicht können sich die Deutschen deshalb auch besser ›verkaufen‹. So bleiben aber viele andere wichtige Dinge auf der Strecke, menschliche Kontakte usw. Das stimmt nicht in jedem Fall, aber in meiner Beobachtung ist es auf jeden Fall so. In Polen ist das ganz anders, es geht fröhlicher und unbefangener zu. [...] Ich glaube, wenn die Transmigranten aus Polen sich länger in Deutschland aufhalten, besuchen sie einander immer weniger, die Herzlichkeit nimmt ab.*«

Das soziale Defizit betrifft laut T. also auch Transmigranten, die sich zu sehr an Deutschland gewöhnen – was natürlich die Frage aufwirft, ob es denn nicht im Umkehrschluss ein Abfärben der fröhlich-unbelasteten polnischen Lebensart auf den Alltag der deutschen Gesellschaft geben kann. Darüber hinaus ist T. allerdings der Ansicht, dass die deutsche Mentalität nicht nur aus rationaler Lebensgestaltung heraus ihre Zwischenmenschlichkeit abbaut. Er bringt dieses Phänomen auch mit einer Gefahr zusammen, der sich auch Polen wird stellen müssen bzw. bereits stellt: Der *Amerikanisierung* der Nation als Nebeneffekt der wirtschaftlichen Globalisierung:

> *Ich denke, die Deutschen verlieren zunehmend ihre eigene Kultur. Sie werden zu >europäischen Amerikanern<. Das merkt man an der Sprache, den Medien, der Kultur... Das ist sicher ein Teil der gesellschaftlichen Entwicklung. Die polnische Gesellschaft scheint da kulturell anders interessiert zu sein, da ist diese Amerikanisierung noch nicht so weit.«*

Zum Abschluss gesteht T. ein, dass er sich in seinen Aussagen notwendig an Vorurteile angenähert habe, die nicht unrelativiert stehen bleiben sollten:

> *Ich möchte nicht die bekannten Stereotype wiederholen, das hilft auch nicht weiter, gute Beziehungen zwischen den Völkern zu gestalten. Stereotype und Realität haben nicht viel gemeinsam, sie verunstalten sogar die Betrachtung der Wirklichkeit. Wer schematisch denkt, hat am Schluss doch keine Ahnung – das ist ein Teufelskreis.«*

d) Identität und Doppelseitigkeit

Während die Frage nach dem Deutschlandbild eher allgemeingültige Aussagen produziert, zielt die Frage nach der Selbstreflexion über die eigene Identität weit stärker auf die Individualität und Subjektivität der Befragten ab (wobei natürlich auch das Deutschlandbild subjektiv konstituiert ist). Hier soll es also um den persönlichen Blick auf eigene Erfahrungen gehen, die im Transmigrationsprozess gewonnen wurden; insbesondere wurde nachgefragt, ob die Vorstellung des Transmigranten als eines Zwischen-den-Stühlen-Sitzenden zutrifft.

Zumindest was die Zuordnungen in Nationalitäten betrifft, sitzt Frau N. sicher nicht zwischen zwei Stühlen – eher auf beiden gleichzeitig, denn sie fühlt sich mittlerweile wie eine Vollblut-Europäerin, die Kategorien wie »polnisch« oder »deutsch« weitgehend hinter sich gelassen hat. Dazu hat ihrer Aussage nach die Multikulturalität in Frankfurt wesentlich beigetragen – sie hat die Erhöhung ihrer eigenen Toleranz merklich begünstigt:

>*Im Alltag spüre ich keine Doppelseitigkeit. Ich habe hier mein Leben, meine Probleme und meine Pflichten. Was zuhause passiert, auch wenn es die Familie betrifft, nimmt mich nicht mehr so mit. Ich kann hier gut abschalten. Trotzdem fahre ich oft nach Polen, weil ich hier auch nicht ›ganz‹ bin. Die Möglichkeit, zwischen beidem hin und her zu pendeln, das ist Freiheit. Wenn mich eine Situation bedrückt, kann ich immer in die andere flüchten. [...] Ich habe mir bewiesen, dass ich das Leben alleine meistern kann. Ich bin selbstbewusster geworden und sehe vieles anders. Gerade negative Erfahrungen haben mir dabei ›geholfen‹. Früher habe ich bei vielen Sachen gedacht: Das muss halt so sein. Dabei ist das nur in Polen so – hier in Deutschland nicht. Umgekehrt ist das, was hier sein muss, nicht immer in Polen so. Deshalb ist man freier, wenn man sich gar nicht auf eine Seite einlässt.«*

Es wurde oben bereits betont, dass in Polen eine mehr *kollektivistische* Orientierung in der Gesellschaft vorliegt, die der eher *individualistischen* in Deutschland widerspricht[38]. N. bestätigt das voll und ganz, will sich aber auf keine von beiden Seiten festlegen. Zumindest was den Abstand zur polnischen Heimat betrifft, der durch den Transmigrationsprozess gewonnen wird, steht ihr Frau M. nicht nach. Sie betont, dass ihr die eigene Familie in gewisser Hinsicht weniger wichtig geworden sei – sicher für eine Polin eine schwerwiegendere Aussage als für eine Deutsche. In M.s Fall hat das aber auch mit den Erwartungshaltungen zu tun, die an sie als Transmigrantin gestellt wurden. Fast könnte man sagen, dass ihr ihre Familie in Polen die Selbstreflexion abgenommen hat, indem sie sie mit Erwartungshaltungen unter Druck gesetzt hat:

>*Die Familie ist mir weniger wichtig geworden, wenn ich das so sagen kann. Das hat damit zu tun, dass sie viele Erwartungen hatten. Sie dachten, wenn ich zu Besuch komme, kommt eine ›reiche Deutsche‹, die ihnen Geschenke liefert und*

---

[38] Vgl. dazu auch Jadwiga Karolewicz & Marek Ziółkowski: *Mentalność Polaków. Sposoby myślenia o polityce, gospodarce i życiu społeczynm 1988-2000*, Warschau 2003, S. 25-32.

die in Deutschland nichts anderes tut, als an Polen zu denken. Früher habe ich
da mitgespielt. Denn Geschenke sind auch ein Zeichen für Zufriedenheit, dafür,
dass es einem gut geht. Aber ich lebe hier ein ganzes Leben mit eigenen Proble-
men und kann nicht nur so leben, wie meine Verwandtschaft es erwartet.«

M. zeigt klar, dass sie einen großen Schritt in Richtung Individualismus
gemacht hat. Das hebt sie ebenfalls von der Doppelseitigkeit ab; sie ten-
diert offenbar stärker zu einer rein »deutschen« Lebensweise. Der Wandel der Einstellung hat sich in ihrem Fall also erstaunlich bruchlos ergeben – weil ihr die Transmigration so viel mehr Möglichkeiten eröffnet
hat, aber gewiss auch deshalb, weil sie über die Distanz auf eine andere
Art und Weise über ihr bisheriges Leben nachdenken konnte. So haben
sich beispielsweise auch ihre Einstellungen zur Kirche und zur Homose-
xualität gewandelt:

»Wenn man in Frankfurt lebt, sieht man viele verschiedene Menschen, unter-
schiedliche Nationen treffen aufeinander, und man spürt die Freiheit, man lernt
sozusagen Toleranz. Mittlerweile ist mein Leben hier ganz stark verwurzelt.
Wenn ich in Polen bin, fehlt mir Deutschland sogar – nicht direkt Deutschland,
sondern mein Leben hier, das ist jetzt mein ›richtiges‹ Leben. Es gibt bestimmte
Punkte, die mir wichtig sind, und die sind gleich geblieben. Aber insgesamt hat
mir diese Erfahrung die Augen geöffnet, und ich denke jetzt anders als früher,
auch über mich selbst.«

Ganz anders sieht es die Putzfrau S. Ihr ist die Doppelseitigkeit ständig
bewusst, weil sie sich selbst nach wie vor primär als Polin ansieht. Genau
genommen scheint ihr die deutsche Seite ihrer Existenz sogar vergleichsweise egal zu sein – sie hat sich an die bestehenden Differenzen
gewöhnt, das ist für sie das Endstadium ihrer Transmigration, an eine
darüber hinausgehende Verbindung der einen mit der anderen Seite
scheint sie gegenwärtig nicht zu denken:

»Ich lese hier polnische Zeitschriften, die deutschen interessieren mich nicht; sie
sind fremd für mich. Ich fühle mich hier zwar gut und kann nicht klagen, aber
ein Zuhause ist es nicht. [...] Es besteht schon ein Unterschied zwischen Polen
und Deutschland. Daran habe ich mich gewöhnt. Aber wenn ich in Polen bin,
merke ich doch, dass ich eher dort hingehöre. Ich verhalte mich auch anders. [...]
Lustigerweise hat mir neulich mein Mann vorgeworfen, dass ich dann eine ›dop-

pelte Identität‹ habe, wenn es gerade passt: Wenn ich keine Lust auf Hausarbeit habe, dann soll es mein Mann machen; dann sagt er, in Polen macht das die Frau, und ich antworte, dass ich aber in Deutschland bin! Ein kleines Stück bin ich also auch deutsch geworden. Aber mehr als das muss nicht sein.«

Ganz ähnlich bewertet Frau L. ihre Situation. Sie vertritt die Ansicht, dass sie im Alltag ständig daran erinnert wird, in einem fremden Land zu leben – was natürlich ein klarer Hinweis auf ihre Ansicht zu den eigenen Ursprüngen ist. Die Fremdheit, die ihr überall entgegen springt, ist so prägend, dass sie sich beinahe schon schämt, nicht das zu sein, was sie vielleicht nach Ansicht ihrer Mitmenschen sein sollte: Eine Deutsche. In einer konsequenten Abwehrhaltung behilft sie sich mit einem Rückzug in ihre polnische Identität:

»Ich lebe hier auf jeden Fall polnisch. Ich versuche, mir polnische Waren zu kaufen. Ich mag die polnische Kultur. Und es ist nicht so, dass ich mich irgendwie ›zerrissen‹ fühle; ich weiß ja, dass ich sowieso nach Polen zurückkehren möchte. Der Aufenthalt in Deutschland ist eine Erfahrung, und die dient der Arbeit. Für mich ist das Problem mit der Doppelseitigkeit gelöst: Dort ist dort, hier ist hier. […] Manches nimmt man schon mit. Ich bin offener als in Polen. Das hat mit der Moral zu tun, die in Polen sehr wichtig ist. In Deutschland habe ich etwas mehr Respekt, auch wenn ich als Begleitdame arbeite. […] Es ist nicht schwer zu sagen, welcher Kultur ich näher stehe: Ich bin immer noch Polin. Aber größere Freiheit und mehr Selbstbewusstsein habe ich trotzdem. Das habe ich vermutlich hier in Deutschland gewonnen, also hat es sich schon gelohnt.«

Diese Ansicht kann man auch an der Einstellung von Frau G. ablesen, die ebenfalls als Prostituierte arbeitet. Sie wollte sich zu ihrer Selbstreflexion nicht direkt äußern, ließ aber durchscheinen, dass sie die Doppelseitigkeit zwischen Polen und Deutschland ebenfalls nur temporär nutzt, um schließlich vom Standpunkt zwischen den Stühlen in naher oder ferner Zukunft klar zu Polen tendieren zu können. Dort wird sie, so kündigt sie an, ein ganz anderes Leben leben – abseits von den Anforderungen, die ihr »Beruf« mit sich bringt, und im Einklang mit dem typischen polnischen Alltag.

Weniger persönlich und mehr neutral gehen die Experten an den Identitäts- und Doppelseitigkeitsaspekt. Von Berufs wegen mit Reflexionen über nicht nur individuelle Ereignisse beschäftigt, greift Herr T. auch die Doppelseitigkeit nicht als individuelles, sondern als gesellschaftliches Geschehnis auf.

> »Doppelseitigkeit ist erst dann möglich, wenn man die eigene Kultur kennt und schätzt und diese Fähigkeit auf die andere Kultur übertragen kann. Jeder Mensch ist nolens volens mit der Kultur des Landes verbunden, in dem er geboren und aufgewachsen ist. Es geht dabei um Sprache, Bräuche, Religion, aber auch solche Nuancen wie die Art und Weise des Denkens und ästhetische Kriterien. Jeder Pole spricht polnisch und denkt polnisch, er kennt die polnische Geschichte weitgehend und pflegt die polnische Tradition mehr oder weniger. Wenn man die eigene Kultur verlässt, wird es schwierig, in einer anderen Gesellschaft zu leben, weil die Heimat fehlt. Dabei kann das Wertesystem aus dem Gleichgewicht geraten, und man kann in ein moralisches Chaos fallen. Wenn man aber die eigene Kultur voll und ganz anerkennt und bewahrt, kann man sich auf die Erfahrung einer anderen Kultur einlassen, und dabei entsteht diese Doppelseitigkeit. Dafür braucht man die eigenen Wurzeln.«

T. betont, dass es durchaus eine »Zerrissenheit« der Transmigranten gibt – dass aber aus dieser Situation heraus ein Nachdenken über die eigene Identität abzuleiten wäre.

Ebenfalls neutral und auf einer allgemeinen Ebene spricht die Lehrerin K., die sich für diesen Zweck in die Köpfe von Transmigranten versetzt und zu dem Ergebnis kommt, dass es zwei Bezugsquellen gibt, aus den diese schöpfen:

> »Transmigranten schöpfen aus zwei Quellen. Sie haben zum einen eine polnische Kultur und kennen diese gut, zum anderen leben sie in einer deutschen Kultur, die sie aber mitunter nur sehr eingeschränkt wahrnehmen, weil sie ihre Tage hauptsächlich mit Arbeit ausfüllen – teilweise weil sie müssen, teilweise freiwillig. Es liegt an ihnen, beide Quellen zu nutzen. Es gibt da ein Sprichwort: So viele Sprachen, wie man spricht, soviel ist man Mensch. Ich für mich selbst muss aber sagen, ich bin ja keine Transmigrantin, ich bin schon so viele Jahre in Deutschland, aber wenn ich über mich selbst nachdenke, habe ich doch nie aufgehört, Polin zu sein und mich wie eine Polin zu fühlen. Das heißt aber nicht, dass ich meine deutsche Seite, die sich im Laufe der Jahre gebildet habe, verneine – die ist auch da.«

K. hat aus ihrer eigenen Erfahrung als Ausländerin in Deutschland gelernt, dass nur die Offenheit gegenüber anderen Kulturen ein positives Selbstbild schaffen kann, wenn man selbst aus einer »fremden« Kultur stammt. Dabei greift sie den Gedanken von T. beinahe wörtlich auf:

> *»Es ist immer positiv, wenn man einer anderen Kultur vorurteilsfrei begegnen kann und nicht sofort wertet. Ohne eigene nationale Identität ist so etwas aber kaum denkbar. Wenn ich so beobachte, wie viele jungen Leute zwischen beiden Kulturen stehen und unbedingt eine Entscheidung treffen wollen, da frage ich mich immer, wie es möglich ist, auf so eine Frage eine klare Antwort zu finden. [...] Ich meine, es ist falsch, in Deutschland unbedingt wie die Deutschen denken und handeln zu wollen. Dadurch verleugnet man sich. So bekommt man vielleicht sogar ein Gefühl der Scham, weil man die Kultur und Gesellschaft letztendlich nicht versteht, sondern sie von einem ›fremden Blickwinkel‹ aus sieht.«*

Dieses Schamgefühl spricht auch Frau L. an – es steht für die Furcht und das fehlende Selbstvertrauen, in der fremden Kultur als eigenständige Persönlichkeit aufzutreten, weil die Fremdheit von allen Seiten auf die Transmigranten eindringt.

Weniger auf dieses Schamgefühl, sondern auf sittliche Unterschiede geht Frau G. ein. Ihrer Ansicht nach gelten bestimmte moralische Werte in Polen mehr als in Deutschland, was für manche der Befragten ein Vorteil, für sie aber eindeutig ein Nachteil ist:

> *»Treue und Liebe, das ist in Polen etwas ganz anderes. Es bedeutet dort mehr. In Deutschland leben Paare nebeneinander her und sie gehen oft schnell wieder auseinander. In Polen ist man automatisch enger zusammen, schon von der Gesellschaft her. Dort ist diese Enge normal. In Deutschland ist die Einstellung ganz anders. Das merke ich auch bei meinen eigenen Kontakten hier in Deutschland. Ich will mich nicht anschließen, so zu denken: Nur auf Geld fixiert zu sein, dass ist für mich das Schlimmste. Natürlich muss jeder für sein eigenes Leben verantwortlich sein, jeder muss selbst wissen, was er tut. Aber ich merke, wenn man sich diese Doppelseitigkeit ansieht, dass es in Deutschland doch Nachteile gibt.«*

Ihre Selbstreflexion beinhaltet also die unausgesprochene Stellungnahme *für* die Werte, die sie aus ihrer Heimat kennt – an diesen Wertvorstellungen will sie sich orientieren. Die Doppelseitigkeit, zu der sie als Transmigrantin gezwungen ist, löst diese Orientierung ein wenig auf, was Frau G. als Nachteil empfindet.

Frau O., die als Pflegerin arbeitet, ist der Ansicht, dass die Orientierungen, mit denen man im Alltag konfrontiert wird, situations- und kontextabhängig sind. Sie relativiert die Ansicht G.s, dass es »absolute« Werte gebe, an denen sich auch Transmigranten pauschal ausrichten könnten. Trotzdem ist die Prägung durch die Heimat auch für O. ein wesentlicher Faktor:

> »Man kann seine Heimat nicht wählen. Auch in eine Familie wird man eben hineingeboren wie in ein Land, eine Sprache usw. Diese Prägung behält man bis zum Lebensende. Auf Dauer in einem fremden Leben heißt, dort mit der neuen Situation klar zu kommen und vielleicht einen neuen Alltag aufzubauen. Für mich selbst kann ich mir das nicht vorstellen; ich glaube, da würde ich unglücklich werden, nicht nur in Deutschland.«

Was der Journalist T. zum Deutschlandbild geäußert hat, fällt dem Einzelhändler R. bei der Frage nach der Selbstreflexion der Transmigranten angesichts ihrer Doppelseitigkeit ein: Er greift auf die so genannte »Amerikanisierung« der deutschen Gesellschaft zurück, die seiner Meinung nach die Identitätsfindung von Transmigranten behindert. Andererseits ist die Vermischung der deutschen mit der amerikanischen Kultur auch ein Zeichen dafür, dass Synergieeffekte zwischen Kulturen funktionieren können – das gibt dem Ganzen einen positiven Aspekt:

> »In Ländern wie den Vereinigten Staaten ist die Wahrung der eigenen Identität möglich, obwohl sich auch dort die Identitäten vermischen. Man kann dort einerseits Amerikaner sein, andererseits aber auch seine Herkunftsnationalität pflegen. Das wird dort nicht so eng gesehen. In Deutschland ist das vielleicht ähnlich. Es gibt ja auch so eine Art ›Amerikanisierung‹, trotzdem bleiben die Deutschen deutsch. Was die deutsche und die polnische Kultur und die Doppelseitigkeit betrifft, ist es schwieriger, ohne Probleme zusammenzukommen, weil die Geschichte die Menschen immer wieder gezwungen hat, sich für eine der Seiten zu entscheiden. Vielleicht erscheint deshalb vielen Transmigranten die Doppelseitigkeit als etwas Negatives, weil da noch viel von der Vergangenheit mitwirkt.«

Herr J. schließlich, der Priester, sieht in der Doppelseitigkeit, die er natürlich nicht als Transmigrant, sondern als »Beobachter« bewertet, mehr eine Chance als ein Handicap. Das überrascht insofern, als J. an vielen Stellen des Gesprächs vor den Gefahren der Transmigration warnt und eher pessimistisch auf die Auflösung der Grenzen schaut, die für ihn den Nebeneffekt einer Auflösung gesellschaftlicher Ordnung hat. J. spricht explizit von *dwukultowość*:

> »*Diese kulturelle Doppelseitigkeit heißt doch eigentlich, dass man sowohl Wurzeln als auch Flügel besitzt. Das ist eine Formulierung aus einem Buch, das ich einmal gelesen habe. [...] Wenn der Mensch in eine andere Kultur wechselt und sich dieser Kultur öffnet, dann versucht er ja, sich dort auch zu entwickeln. Das bedeutet, er kann sowohl mit seinen Wurzeln umgehen, als auch neue Erkenntnisse gewinnen. Diese Mühe, Wurzeln und Flügel auszubilden, machen sich in Europa heutzutage sehr viele Menschen. Wurzeln determinieren zwar, aber Flügel kann man sich selbst aussuchen, das ist der Vorteil und sicher auch der Grund, warum diese Doppelseitigkeit für viele so attraktiv ist. [...] Wahrscheinlich kann dieses Gefühl am besten entwickelt werden, wenn der betreffende Mensch dabei eine starke Gemeinschaft um sich hat, die ihm Sicherheit gibt. Das kann z.B. eine kirchliche Gemeinschaft sein, die für ihn ein Stück Heimat darstellt; das erinnert die Polin im Ausland dann an ihre Wurzeln.*«

e) Zukunftsperspektiven

Die in den Gesprächen befragten Interviewpartner sollten nicht nur über ihre Erfahrungen, und damit über ihre Vergangenheit, sprechen. Sie sollten auch Auskunft darüber geben, wo sie sich selbst in der Zukunft sehen, bzw. welche Zukunft sie allgemein für Transmigranten sehen, die von Polen nach Deutschland kommen. Diese Prognosen geben ebenfalls Einblicke in die Selbstreflexion der Befragten, da sich über die Zukunft nur reden lässt, wenn man sich über die Gegenwart, in der man steht, klar ist.

Frau G. blickt in die Zukunft vor allem im Zusammenhang mit ihrer Familie. Ihrer Tochter würde sie eine Transmigration nicht empfehlen, obwohl es natürlich nahe liegt, dass diese – zumal sie ein uneheliches Kind ist und damit einer gewissen sozialen Stigmatisierung ausgesetzt ist – selbst einmal den Wunsch verspüren könnte, ihrer Mutter nachzueifern. Doch G. wünscht sich, dass die Tochter das erreicht, was sie selbst nicht geschafft hat. Für sich selbst betont sie, dass es noch ungeklärt sei, wo ihre eigene Zukunft liege – ob nun in Deutschland oder Polen. Ihr Dilemma besteht darin, dass man im Vorfeld nie wisse, wie eine Sache enden werde, und dass die verschiedenen Optionen sehr unterschiedlich seien:

»*Meine Tochter soll das werden, was ich selbst nicht geworden bin: Ein anständiger Mensch. Was bei mir gefehlt hat, soll mein Kind haben. Dann muss es nicht selbst einmal das Risiko eingehen und transmigrieren. Ich kann nicht vorhersehen, wie sie sich einmal entwickeln wird, aber ich tue mein Bestes, das positiv zu beeinflussen. [...] Ich weiß noch nicht, ob meine Zukunft in Deutschland oder in Polen liegt. Da muss ich abwägen an dem, was ich machen will, und was ich machen kann – und ob das zu mir passt oder nicht. Diese Unsicherheit beschäftigt mich aber schon sehr. Ich kann nicht einfach so sorglos leben, weil ich weiß, dass sich diese Situation zwischen zwei Ländern und zwei Kulturen irgendwann klären muss.*«

Für G. ist die persönliche Situation also zwiespältig: Ihr Leben in Deutschland, als Transmigrantin, ist für sie kein abgeschlossenes Stadium, sondern nur eine Durchgangsetappe für weitere Entwicklungen. Dass diese aber nicht genau planbar und vorhersehbar sind, bildet bei ihr den Kern einer gewissen Zukunftsangst.

Ganz anders Frau O. Sie hat die Zukunft schon recht präzise geplant. Ihrer Tätigkeit als Pflegerin will sie solange nachgehen, bis die von ihr betreute Frau nicht mehr lebt. Dann soll ein neuer Lebensabschnitt beginnen, der sie zurück nach Polen führt:

»*Ich würde lieber schon früher zurückkehren, aber ich will nicht rücksichtslos sein. Hier werde ich gebraucht, man vertraut mir, und das will ich nicht enttäuschen. Außerdem sammele ich hier das Geld, um später in Polen für mich und meine Familie ein vergleichsweise leichtes Leben zu ermöglichen. [...] Ich denke, ich werde meine Tochter finanziell unterstützen. Vielleicht wird sie selbst einmal ins Ausland gehen, so wie ich – obwohl es mir lieber wäre, wenn sie in Polen lebt und heiratet, das ist einfach der sicherere Weg.*«

Auch O. geht also ausdrücklich von ihrer Familie aus, und auch sie betont, dass der Schritt in die Transmigration ein Schritt ins Ungewisse sei, den sie ihrer Tochter nicht vorbehaltlos empfehlen könne. Andererseits lebt sie selbst vor, dass dieser Schritt hilfreich für das Erreichen bestimmter Ziele sein kann, solange die Probleme überschaubar sind.

Die entgegengesetzte Tendenz vertritt Frau N. Für sie ist klar, dass ihre Zukunft in Deutschland stattfinden soll – integriert in eine stabile, vor allem gleichberechtigte Partnerschaft. Ihre autonome Lebensgestaltung ist ihr überaus wichtig. Erst die Erfahrung in Deutschland hat ihr gezeigt, welchen Wert die Eigenständigkeit haben kann. Ihre näheren Pläne sind erstaunlich detailliert, scheinen aber, bedenkt man ihren illegalen Aufenthalt in Deutschland, ein wenig zu phantastisch, um sich realisieren zu können:

»*Ich sehe mich in der Zukunft in einer Partnerschaft, in der ich arbeiten darf, auch Kontakt zu anderen Menschen habe, also eine vollwertige Partnerin bin. Unabhängigkeit ist mir sehr wichtig geworden, gerade weil ich das Gegenteil davon in Polen gesehen und erlebt habe. [...] Ein Deutscher polnischer Abstammung, das wäre ein Ehemann für mich, damit unsere Kinder zweisprachig aufwachsen können; denn die Sprache ist mir schon wichtig. Das ist vielleicht auch ein Zeichen dieser Doppelseitigkeit, das mir das wichtig ist. Aber in einem rein polnischen Milieu möchte ich nicht leben. [...] Ich will am liebsten irgendwann studieren. In Polen würde es heißen, ich sei zu alt, aber ich spare Geld, um das hier machen zu können. Am liebsten wäre ich dann irgendwann ›legal‹ hier und würde mich in meiner Arbeit engagieren, z.B. mit alten Menschen oder Kindern. [...] Meine Zukunft ist also, hier in Deutschland zu bleiben, aber einige polnische Elemente zu bewahren – nicht nur Erinnerungen, sondern auch gewisse Lebenseinstellungen.*«

Es überrascht nicht, dass auch Frau M., die ebenfalls keine offizielle Aufenthaltsgenehmigung für Deutschland hat, in ihrer Zukunftsprognose von einem legalen Aufenthalt träumt. Aber auch die Änderung ihres beruflichen Alltags, mit dem sie gegenwärtig sehr unzufrieden ist, bestimmt ihre Pläne. Auch M. würde am liebsten längerfristig in Deutschland bleiben; ihre Wahl zwischen Heimat und Aufnahmeland ist eindeutig ausgefallen:

»*Ich will eine legale Arbeit finden, die für mich angenehmer ist und nicht so anstrengend wie das Putzen. Ein zweiter Wunsch ist, dass ich so lange in Deutsch-*

land bleiben kann, wie ich möchte. Ich bin es gewohnt, hier zu leben, in dieser Kultur, und ich möchte, dass es in Zukunft so bleibt. Das heißt aber auch, dass ich Sprachkurse besuche, bessere Arbeit finde, meinen Status verbessere usw. – und schön wäre es auch, wenn ich hier einen Mann finde.«

Dass die Experten, die in Deutschland schon lange Jahre verwurzelt sind, ihre Zukunft nicht unbedingt in Polen sehen, überrascht nicht: Sie sind schließlich keine Transmigranten, sondern »reguläre« Migranten, die mit dem Bewusstsein kamen, dass der Aufenthalt ein endgültiger sein würde. Herr R. räumt zwar ein, dass es einen gewissen Wunsch nach Rückkehr doch gebe, dass aber die realen Umstände das verhinderten, denn er habe sein Leben in Deutschland aufgebaut, und hier solle es irgendwann auch enden.

Weniger aus der persönlichen denn aus einer neutralen Position äußern sich Frau K. und Herr T. Frau K. nimmt einen Ausblick auf die Zukunft der Transmigration, die ihrer Ansicht nach keineswegs so populär bleiben wird, wie sie gegenwärtig ist:

»Irgendwann wird es sich nicht mehr lohnen, zu transmigrieren, also nach Deutschland zu kommen und hier zu arbeiten. Solange es noch dieses Einkommensgefälle zwischen den Ländern gibt, ist das sicher erstrebenswert, aber dieses Leben fernab der Heimat unter dem Mantel der Anonymität hat so viele Nachteile, dass sich das Ganze irgendwann wieder auflösen wird – spätestens dann, wenn Polen wirtschaftlich besser dasteht. Trotzdem wünsche ich mir für die Zukunft, dass die polnische Kultur weiter ein gutes Bild in Deutschland haben wird, und umgekehrt; und dass Polen stolz auf ihre Kultur und ihre Tradition sein können. Das geht heute nämlich leider auch oft verloren.«

K. unterstreicht, dass das Bild, das Deutsche und Polen gegenseitig voneinander haben, eben doch maßgeblich durch Migration und Transmigration geprägt worden sei, und dass ein Nachlassen dieses »Austauschprozesses« vielleicht einen Schwund gegenseitiger, über die Grenzen gehender Anerkennung mit sich bringen könnte.

Was die Zukunft der Transmigration angeht, so teilt Herr J. die Skepsis von K. Für ihn ist dieses Phänomen strikt an das Kosten-Nutzen-Kalkül gekoppelt; deshalb sei davon auszugehen, dass Transmigration in dem

Augenblick ende, da sich zeige, dass ein »normales« Leben in Polen doch gewinnbringender sei:

> »*Transmigration verursacht viele Probleme. In der momentanen Situation scheinen die Menschen darin eine Chance zu sehen. Aber wenn die Wohlstandsidee einmal ausgeträumt ist und die Realität hereinbricht, ändert sich das. Ich denke, in der Zukunft wird dieser Wohlstandstraum nicht mehr so begehrenswert sein. Die Wirtschaft ändert sich ja auch, und die Menschen werden sehen, dass sich die Mühen nicht lohnen, die man in der Transmigration auf sich nimmt. Vermutlich werden sie dann versuchen, in ihrer Heimat zu bleiben. Die vielen Zuwanderer werden in den nächsten Jahren sicher weniger werden.«*

Wie verschiedene Aussagen in den Interviews gezeigt haben, scheint ein Punkt, an dem sich Transmigration eigentlich nicht mehr »lohnt«, von diversen Befragten fast schon erreicht zu sein, zumindest bezüglich »emotionaler« Faktoren wie der Familie. Allerdings leitet sich daraus nicht ab, dass der begonnene Prozess von heute auf morgen einfach wieder aufgebrochen werden soll oder kann. Denn die Transmigration bietet, als Nebeneffekt, eben auch gewisse Erkenntnisse, nicht nur den finanziellen Vorteil. Dieser ist zwar die wesentliche Begründung für Transmigration, ist aber nicht – wie viele Interviewausschnitte gezeigt haben – das einzige Motiv, wegen dem sie langfristig als Lebensmodell beibehalten wird.

Die Ansicht Frau K.s, dass sich die Nationen in der Zukunft entfernen könnten, geht von einer allmählichen Angleichung der wirtschaftlichen Situation in den Staaten der EU aus (was tatsächlich das politische Ziel ist), scheint aber andererseits dem Zusammenwachsen Europas in gewisser Weise zu widersprechen. Auf diesen Aspekt geht Herr T. ein:

> »*Die Amerikaner haben eine richtige Gesellschaft aufgebaut, das fehlt Europa noch. Ich hoffe, so eine Gemeinschaft wird in den nächsten Jahren kommen, sodass die nationalen Zäune wirklich fallen und nationale Interessen und Antipathien keine Chance mehr haben. Die Zwischenmenschlichkeit ist ja auch mehr wert als die nationalen Bande. [...] Transmigration sieht in einem wirklich vereinten Europa sicher anders aus als heute, aber es wird weiter Migrationsbewegungen geben und damit auch weiterhin eine kulturelle Doppelseitigkeit.«*

Es ist sogar anzunehmen, dass die Grenzen, die zwischen Deutschland und Polen in den letzten 15 Jahren immer durchlässiger geworden sind, in naher Zukunft die Möglichkeit bringen werden, dass die Begegnungen zwischen beiden Nationen sich auch in Polen abspielen werden – und dass es nicht ausschließlich ökonomisch motivierte Begegnungen sein werden.

Frau S. wiederum sieht ihre gegenwärtige Situation als eine Art »Herausforderung«, der man sich nicht ewig stellen müsse. Sobald ihr dieses Leben zwischen zwei Welten zu anstrengend werde, sei sie bereit, einen Schlussstrich unter das Abenteuer Transmigration zu ziehen und sich einer Seite vollständig zu widmen. Wann dieser Zeitpunkt eintreten wird, kann sie noch nicht sagen – das will sie auf sich zukommen lassen:

»Eigentlich ist Deutschland von Polen aus ja nicht so weit. Es könnte sein, dass meine Söhne einmal hier leben wollen. Und damit wäre ich einverstanden, auch wenn das genau das wäre, was ich selbst gerade mache: Ich lebe hier und nicht in meiner Heimat. Aber sie könnten mich ja dann auch besuchen und jederzeit zurückkehren. Die Chance habe ich ja auch. Ich mache hier meine Erfahrungen, aber wenn es mir reicht, kann ich jederzeit abbrechen. In Polen denken die Menschen vielleicht anders darüber. Aber so wie es im Moment ist, habe ich viele Erfahrungen gesammelt, und das ist eine Bereicherung auch für die Zukunft. Eine richtige Vorstellung von meinem Leben in der Zukunft habe ich nicht, ich bin da offen.«

Die Zukunftsperspektive von Frau L. bezieht sich auf das Studium, das sie in Polen begonnen hat. Neben dem vorrangigen Ziel steht in der Ferne der Wunsch, eine normale Familie aufzubauen. An das Leben, das L. in Deutschland gewöhnt ist, könnte sie in Polen aber nicht anknüpfen: Es wären – wie bei jeder Rückkehr aus der Transmigration – wiederum Übergangsphasen nötig, in diesem Fall aber auch unmittelbare Umstellungen, um das »deutsche« Leben der gewünschten »polnischen« Zukunft anzupassen:

»Es ist mir bewusst, dass ich mich dann umstellen muss. Ich habe mich hier an mein Leben gewöhnt, es ist mir wichtig. Ich möchte auch mit den Leuten in Deutschland in Kontakt bleiben. Aber meine Zukunft liegt doch in Polen, und

deshalb werde ich wieder eine ›Verwandlung‹ machen müssen. Eine Transmigration auf die Dauer wäre nichts für mich. Ich denke, meine Zukunft braucht Stabilität. Vielleicht ist es ja so, dass man, wenn man jung ist, Erfahrungen sammelt. Es sind Bereicherungen, und dabei gibt es auch keine Brüche. Aber später macht man sich mehr Gedanken über die Zukunft; man überlegt, ob man bisher alles richtig gemacht hat. Und ich habe das Gefühl, dass ich etwas verlieren würde, wenn ich mich nicht für die Zukunft umstellte und rauskäme aus der Situation, in der ich als Transmigrantin zurzeit stecke. Aber wann dieser Punkt erreicht ist, weiß ich noch nicht.«

VIII. Schlussbemerkung

Die Interviews haben gezeigt, dass es zwischen pauschalen Grundannahmen, die über die Motive von Transmigranten *spekulieren*, und den Fakten, die sich in den Aussagen von Betroffenen wiederfinden lassen, oft große Differenzen gibt. Selbst die eigenen Erfahrungen als Polin in Deutschland, wenn auch nicht als Transmigrant, haben mich zu Vorüberlegungen geführt, die nicht alle bestätigt werden konnten. Dass der finanzielle Aspekt das Hauptmotiv für Transmigration darstellt, haben die Interviews unterstrichen. Doch selbst von den Befragten, die explizit auf ihre ökonomische Situation und auf die Diskrepanz zwischen einem Leben in Polen und einem Leben in Deutschland hinwiesen, ist zum Teil zwischen den Zeilen, zum Teil aber auch ausdrücklich formuliert worden, dass ihnen die Begegnung mit einer anderen Lebensweise die Augen geöffnet hat für Einsichten, die dieses Hauptmotiv ein wenig relativieren. Das wird deutlich bei Frau N., der in Deutschland einer Ausformulierung von Geschlechtergleichheit begegnet ist, die sie sich für ihr eigenes Leben wünscht; es wird auch deutlich bei Frau L., die hier in eine Anonymität und damit in eine Handlungsfreiheit geriet, in der sie sich ohne moralische Probleme auf ein berufliches Feld wagen konnte, das in Polen zwingend zum »sozialen Tod« führt; und bei Frau M., die in Deutschland lernen konnte, dass Toleranz eine wichtige Einstellung gegenüber Andersdenkenden ist. Es könnten noch andere Beispiele angeführt werden. Grundsätzlich lässt sich aber sagen, dass Transmigration schon als solche, also als permanente »Wanderungsbewegung« zwischen zwei Staaten, Erfahrungen mit sich bringt, die über das Wirtschaftliche hinausgehen *müssen*. Das wollte ich mit der Berücksichtigung der kulturellen Doppelseitigkeit zum Ausdruck bringen, die sich für Transmigranten, ob sie es wünschen oder nicht, zwangsläufig aufdrängt, und die deshalb kaum ignoriert werden kann. Wie die Interviewanalysen gezeigt haben, sind sich die befragten Transmigranten dieser Doppelseitigkeit sowohl in einer theoretischen Reflexion, als auch in der praktischen Erfahrung bewusst geworden und konnten dazu Stellung nehmen. Dass ihre Aussagen nicht homogen sind, ist nicht überraschend, da es sich um Individuen handelt, die Erfahrungen subjektiv betrachten und verarbeiten. Dass sie aber alle eine vergleichbare Erfahrung mit dieser Doppelseitigkeit gemacht haben, führt dazu, dass diese in die Reflexion über Transmigration hineingedacht werden muss. Deshalb ist es gerechtfertigt, davon auszugehen, dass nach dem Durchlauf der erwähnten Transmigrationsphasen, oder zumindest in einem der höheren Stadien, die ökonomische Motivation rückblickend nicht mehr nur der einzige Aspekt ist, der den Transmigranten wichtig wurde. Auch die kulturelle Seite spielt, wenn die Transmigration also bereits eine gewisse Zeit andauert, eine Rolle. Es ist durchaus möglich, dass dieser Aspekt von einem Transmigranten absolut negativ und von einem anderen vollkommen positiv bewertet wird; am häufigsten kommen aber wahrscheinlich die Mischformen vor, die sich in den Interviewanalysen gezeigt haben.

Wie Wojciech Łukowski zeigt, ist Transmigration teilweise eine Lebensweise, die in der Überzeugung der Betroffenen wurzelt, dass ihre Identität auf zwei territorial getrennten »Kulturgebieten« basiert. Daraus, so schlussfolgert Łukowski, ergibt sich ein Gefühl der Entfremdung gegenüber beiden Kulturen und ein Desinteresse gegenüber derjenigen von beiden, die nicht die »ursprüngliche« ist.[39] Łukowski ist der Ansicht, dass Transmigranten nur Fragmente ihrer neuen Kultur übernehmen – eine »Marginalisierung«, die in der Logik der Transmigration begründet liegt. Erst die Rückkehr in das Heimatland macht es möglich, dass das ökonomische Gewicht wieder umgedeutet wird zu »sozialem Kapital«.

Doch Łukowski muss aus Sicht der vorliegenden Arbeit widersprochen werden.

---

[39] Wojciech Łukowski: *Społeczny sens ruchliwości niepełnej (biwalentnej)*, in: Jaźwinska & Okólski 2001, S. 125-163, hier: S. 127f.

Hinsichtlich der kulturellen Doppelseitigkeit von Transmigranten lässt sich als Ergebnis nämlich festhalten, dass in diesem Fall aus zwei Seiten – aus der Kultur Deutschlands und der Kultur Polens – eine Mischform entstanden ist, die nicht pauschal mit Gleichgültigkeit quittiert wird. Łukowski scheint zu übersehen, dass die Situation des Transmigranten sich nicht in einer rein pragmatischen, rein auf einen kurzen Zeitabschnitt bezogenen Lebenseinstellung reduzieren lässt. Die »Hybridkultur«, mit der die Transmigranten konfrontiert sind, ist nicht unbedingt ein »Deutschpolnisch« oder ein »polnisches Deutsch«, sondern vielmehr die unmittelbare Erfahrungs- und Erlebnisform von Transmigranten unabhängig von ihrer nationalen Zugehörigkeit und unabhängig von der konkreten Kultur, in die sich hineinbegeben, und in die sie in der Folge hineinwachsen. Es ist gar nicht so wichtig, dass diese Hybridkultur in der Praxis unauffällig ist (denn im Alltag machen sich Menschen wenig Gedanken darüber, wie ihre Lebensweisen *soziologisch* aussehen). Wichtig ist aber, dass das Konzept Hybridkultur mit den erforschten Tatsachen verbunden werden kann. In der Hybridkultur ist die Doppelseitigkeit keineswegs aufgehoben – im Gegenteil, das »Doppel« impliziert ja schon eine Einheit, die dahinter steht. Und die Doppelseitigkeit ist ein wesentlicher Teil der Hybridkultur; ohne zwei aufeinander zulaufende Seiten entsteht keine kulturelle Hybridform und damit auch keine Verbindung zweier Kulturen. Denn die Annäherung dieser beiden Kulturen zueinander bis hin zur Doppelseitigkeit und dadurch zu *einer* Hybridkultur gelingt nur, wenn eine Verbindung beider Seiten strukturell überhaupt möglich ist. Deshalb können Vorstellungen wie die oben dargestellte *Kulturkonfliktthese* sich nicht halten, sie gehen nämlich von Unvereinbarkeiten aus.

Wie sich in den Interviews an vielen Stellen gezeigt hat, sind solche Hybridformen auch dann, wenn sie sich gut in einen Lebenslauf integrieren lassen, nicht für die Ewigkeit gemacht. Im Bewusstsein der Transmigranten ist ihre Entscheidung, in Deutschland zu leben, nie als endgültiger Schritt geplant gewesen. Folglich kann auch die Annahme einer Hybridkultur nicht ewig währen. Die meisten der Befragten stehen einer künftigen Rückkehr nach Polen positiv gegenüber oder zählen diese Rückkehr zumindest zu den Optionen, aus denen sie ihre Zukunft gestalten. Das bedeutet, dass sie auch bereit sind, sich wieder auf die Adaption an die polnische Kultur als *einzige* Kultur einzulassen. Da sie von dieser Warte aus gestartet sind, wird dieser Schritt nicht so schwer fallen wie der Gang in ein anderes Land. Trotzdem wird auch die Rückkehr eine Durchschreitung verschiedener Phasen verlangen, bis der Transmigrant kulturell und psychologisch wieder »ganz« in Polen lebt. Die Erfahrungen, die die Transmigration eingebracht haben, wird er dabei ebenso wenig verlieren, wie polnische Transmigranten, die gegenwärtig in Deutschland leben, ihre Vergangenheit vergessen.

Selbst wenn die endgültige Rückkehr nach Polen nicht anvisiert ist, gibt es in der Transmigration doch die kurzfristige regelmäßige Reise in die Heimat. Dieser »Urlaub zuhause« ist ja neben dem (Arbeits-)Aufenthalt die tragende Stütze der Transmigration, nicht nur in einem emotionalen Sinne. Vielleicht kann man sogar sagen, dass sich die Transmigration tatsächlich erst in diesen Aufenthalten in Polen verwirklicht, denn dort werden die »Mittel« angewendet, die in Deutschland gewonnen wurden – sowohl was den finanziellen Bereich angeht, als auch was neu gewonnene Erfahrungen betrifft.

IX. Literaturverzeichnis

Nina Glick Schiller, Linda Basch & Cristina Blanc-Szanton: *Transnationalismus: Ein neuer analytischer Rahmen zum Verständnis von Migration*, in: Heinz Kleger (Hg.): Transnationale Staatsbürgerschaft, Frankfurt/New York 1997

Erving Goffman: *Stigma. Über Techniken der Bewältigung beschädigter Identität*, Frankfurt 1967

Geert Hofstede: *Interkulturelle Zusammenarbeit. Kulturen, Organisationen, Management*, Wiesbaden 1993

Heinz Fassmann: Transnationale Mobilität: Empirische Befunde und theoretische Überlegungen, in: Leviathan 30 (2002)

Ewa Jaźwińska: *Migracja niepełna ludności Polski: zróżnicowanie międzyregionalne*, in: Jaźwińska & Okólski 2001

Doron Kiesel: *Das Dilemma der Differenz. Zur Kritik des Kulturalismus in der interkulturellen Pädagogik*, Frankfurt 1996

Lothar Krappmann: *Soziologische Dimensionen der Identität. Strukturelle Bedingungen für die Teilnahme an Interaktionsprozessen*, Stuttgart 1971

Wojciech Łukowski: *Społeczny sens ruchliwości niepełnej (biwalentnej)*, in: Jaźwinska & Okólski 2001

Philipp Mayring: *Qualitative Inhaltsanalyse*, 8. Aufl. Weinheim/Basel 2003

George Herbert Mead: *Geist, Identität, Gesellschaft* [1934], Frankfurt 1968

Magdalena Meller: *Tożsamość dwulkulturowa – Geneza i szanse przetrwania*, in: Jarosław Rokicki & Monika Banas (Hg.): Naród, kultura i państwo w procesie globalizacji, Kraków 2004, S. 249-259, hier: S. 254

Peter-Ulrich Merz-Benz & Gerhard Wagner: Der Fremde als sozialer Typus. Zur Rekonstruktion eines soziologischen Diskurses, in: Merz-Benz & Wagner 2002

Alois Moosmüller: *Interkulturelle Kompetenz und interkulturelle Kenntnisse. Überlegungen zu Ziel und Inhalt im auslandsvorbereitenden Training,* in: Klaus Roth (Hg.): Mit der Differenz leben. Europäische Ethnologie und interkulturelle Kommunikation, 2. Aufl. Münster/München/New York 2000

Marek Okólski: *Mobilność miedzynarodowa ludności Polski w okresie transformacji: Przegląd problematyki,* in: Ewa Jaźwińska & Marek Okólski (Hg.): Ludzie na huśtawce. Migracje między perfyferiami Polski i Zachodu, Warschau 2001

Robert E. Park: *Migration und der Randseiter* [1928], in: Merz-Benz & Wagner 2002

Ludger Pries: *Transnationale soziale Räume. Theoretisch-empirische Skizze am Beispiel der Arbeitswanderungen,* in: Ulrich Beck (Hg.): Perspektiven der Weltgesellschaft, Frankfurt 1998

Ludger Pries: *Transnationalisierung der sozialen Welt?,* in: Berliner Journal für Soziologie, 12 (2002)

Achim Schrader, Bruno W. Nikles, Hartmut W. Griese: *Die zweite Generation. Sozialisation und Akkulturation ausländischer Kinder in der Bundesrepublik,* 2. Aufl. Königstein 1979

Georg Simmel: *Exkurs über den Fremden* [1907], in: Peter-Ulrich Merz-Benz & Gerhard Wagner (Hg.): *Der Fremde als sozialer Typus,* Konstanz 2002, S. 73-92

Paul C. P. Siu: *Der Gastarbeiter* [1952], in: Merz-Benz & Wagner 2002

Roland Verwiebe: *Transnationale Mobilität innerhalb Europas. Eine Studie zu den sozialstrukturellen Effekten der Europäisierung*, Berlin 2004 *ibidem*-Verlag

Melchiorstr. 15

D-70439 Stuttgart

info@ibidem-verlag.de

www.ibidem-verlag.de
www.ibidem.eu
www.edition-noema.de
www.autorenbetreuung.de